Condorcet

Vie de Voltaire

© 2024, Nicolas De Condorcet (domaine public)
Édition : BoD • Books on Demand GmbH, In de Tarpen 42,
22848 Norderstedt (Allemagne)
Impression : Libri Plureos GmbH, Friedensallee 273,
22763 Hamburg (Allemagne)
ISBN : 978-2-3225-4293-2
Dépôt légal : Octobre 2024

VIE

DE VOLTAIRE [1]

La vie de Voltaire doit être l'histoire des progrès que les arts ont dus à son génie, du pouvoir qu'il a exercé sur les opinions de son siècle, enfin de cette longue guerre contre les préjugés, déclarée dès sa jeunesse, et soutenue jusqu'à ses derniers moments.

Mais lorsque l'influence d'un philosophe s'étend jusque sur le peuple, qu'elle est prompte, qu'elle se fait sentir à chaque instant, il la doit à son caractère, à sa manière de voir, à sa conduite, autant qu'à ses ouvrages. D'ailleurs ces détails sont encore utiles pour l'étude de l'esprit humain. Peut-on espérer de le connaître, si on ne l'a pas observé dans ceux en qui la nature a déployé toutes ses richesses et toute sa puissance ; si même on n'a pas recherché en eux ce qui leur est commun avec les autres hommes, aussi bien que ce qui les en distingue ? L'homme ordinaire reçoit d'autrui ses opinions, ses passions, son caractère ; il tient tout des lois, des préjugés, des usages de son pays, comme la plante reçoit tout du sol qui la nourrit et de l'air qui l'environne. En observant l'homme vulgaire, on apprend à connaître l'empire auquel la nature nous a soumis, et non le secret de nos forces et les lois de notre intelligence.

François-Marie Arouet, qui a rendu le nom de Voltaire si célèbre, naquit à Chatenay le 20 de février 1694, et fut baptisé à Paris, dans l'église de Saint-André-des-Arcs, le 22 de novembre de la même année[2]. Son excessive faiblesse fut la cause de ce retard, qui pendant sa vie a répandu des nuages sur le lieu et sur l'époque de sa naissance. On fut aussi obligé de baptiser Fontenelle dans la maison paternelle, parce qu'on désespérait de la vie d'un enfant si débile. Il est assez singulier que les deux hommes célèbres de ce siècle, dont la carrière a été la plus longue, et dont l'esprit s'est conservé tout entier le plus longtemps, soient nés tous deux dans un état de faiblesse et de langueur.

Le père de M. de Voltaire exerçait la charge de trésorier de la chambre des comptes[3] ; sa mère, Marguerite Daumard, était d'une famille noble du Poitou. On a reproché à leur fils d'avoir pris ce nom de Voltaire, c'est-à-dire d'avoir suivi l'usage alors généralement établi dans la bourgeoisie riche, où les cadets, laissant à l'aîné le nom de famille, portaient celui d'un fief, ou même d'un bien de campagne[4]. Dans une foule de libelles on a cherché à rabaisser sa naissance. Les gens de lettres, ses ennemis, semblaient craindre que les gens du monde ne sacrifiassent trop aisément leurs préjugés aux agréments de sa société, à leur admiration pour ses talents, et qu'ils ne traitassent un homme de lettres avec trop d'égalité. Ces reproches sont un hommage : la satire n'attaque point la naissance d'un homme de lettres, à moins qu'un reste de conscience qu'elle ne peut étouffer ne lui apprenne qu'elle ne parviendra point à diminuer sa gloire personnelle.

La fortune dont jouissait M. Arouet procura deux grands avantages à son fils : d'abord celui d'une éducation soignée, sans laquelle le génie n'atteint jamais la hauteur où il aurait pu s'élever. Si on parcourt l'histoire moderne, on verra que tous les hommes du premier ordre, tous ceux dont les ouvrages ont approché de la perfection, n'avaient pas eu à réparer le défaut d'une première éducation.

L'avantage de naître avec une fortune indépendante n'est pas moins précieux. Jamais M. de Voltaire n'éprouva le malheur d'être obligé ni de renoncer à sa liberté pour assurer sa subsistance, ni de soumettre son génie à un travail commandé par la nécessité de vivre, ni de ménager les préjugés ou les passions d'un protecteur. Ainsi son esprit ne fut point enchaîné par cette habitude de la crainte, qui non-seulement empêche de produire, mais imprime à toutes les productions un caractère d'incertitude et de faiblesse. Sa jeunesse, à l'abri des inquiétudes de la pauvreté, ne l'exposa point à contracter ou cette timidité servile que fait naître dans une âme faible le besoin habituel des autres hommes, ou cette âpreté et cette inquiète et soupçonneuse irritabilité, suite infaillible pour les âmes fortes de l'opposition entre la dépendance à laquelle la nécessité les soumet, et la liberté que demandent les grandes pensées qui les occupent.

Le jeune Arouet fut mis au collége des jésuites, où étaient élevés les enfants de la première noblesse, excepté ceux des jansénistes ; et les jansénistes, odieux à la cour, étaient rares parmi les hommes qui, alors obligés par l'usage de choisir une religion sans la connaître, adoptaient naturellement la plus utile à leurs intérêts temporels. Il eut pour professeurs de rhétorique le Père Porée, qui, étant à la fois un homme d'esprit et un bon homme, voyait dans le jeune Arouet le germe d'un grand homme ; et le Père Lejay[5], qui, frappé de la hardiesse de ses idées et de l'indépendance de ses opinions, lui prédisait *qu'il serait en France le coryphée du déisme* ; prophéties que l'événement a également justifiées[6].

Au sortir du collége, il retrouva dans la maison paternelle l'abbé de Châteauneuf son parrain, ancien ami de sa mère. C'était un de ces hommes qui, s'étant engagés dans l'état ecclésiastique par complaisance, ou par un mouvement d'ambition étrangère à leur âme, sacrifient ensuite à l'amour d'une vie libre la fortune et la considération des dignités sacerdotales, ne pouvant se résoudre à garder toujours sur leur visage le masque de l'hypocrisie.

L'abbé de Châteauneuf était lié avec Ninon, à laquelle sa probité, son esprit, sa liberté de penser, avaient fait pardonner depuis longtemps les aventures un peu trop éclatantes de sa jeunesse. La bonne compagnie lui avait su gré d'avoir refusé son ancienne amie, Mme de Maintenon, qui lui avait offert de l'appeler à la cour, à condition qu'elle se ferait dévote. L'abbé de Châteauneuf avait présenté à Ninon Voltaire enfant, mais déjà poëte, désolant déjà par de petites épigrammes *son janséniste de frère*[7] et récitant avec complaisance la *Moïsade*[8] de Rousseau.

Ninon avait goûté l'élève de son ami, et lui avait légué, par testament, deux mille francs pour acheter des livres. Ainsi, dès son enfance, d'heureuses circonstances lui apprenaient, même avant que sa raison fût formée, à regarder l'étude, les travaux de l'esprit, comme une occupation douce et honorable ; et, en le rapprochant de quelques êtres supérieurs aux opinions vulgaires, lui montraient que l'esprit de l'homme est né libre, et qu'il a le droit de juger tout ce qu'il peut connaître ; tandis que, par une lâche condescendance pour les préjugés, les éducations ordinaires ne laissent voir aux enfants que les marques honteuses de la servitude.

L'hypocrisie et l'intolérance régnaient à la cour de Louis XIV ; on s'y occupait à détruire le jansénisme, beaucoup plus qu'à soulager les maux du peuple. La réputation d'incrédulité avait fait perdre à Catinat la confiance due à ses vertus et à son talent pour la guerre. On reprochait au duc de Vendôme de manquer à la messe quelquefois, et on attribuait à son indévotion les succès de l'hérétique Marlborough et de l'incrédule Eugène. Cette hypocrisie avait révolté ceux qu'elle n'avait pu corrompre, et, par aversion pour la sévérité de Versailles, les sociétés de Paris les plus brillantes affectaient de porter la liberté et le goût du plaisir jusqu'à la licence.

L'abbé de Châteauneuf introduisit le jeune Voltaire dans ces sociétés, et particulièrement dans celle du duc de Sully, du marquis de la Fare, de l'abbé Servien, de l'abbé de Chaulieu, de l'abbé Courtin. Le prince de Conti, le grand prieur de Vendôme, s'y joignaient souvent.

M. Arouet crut son fils perdu en apprenant qu'il faisait des vers, et qu'il voyait bonne compagnie. Il voulait en faire un magistrat, et il le voyait occupé d'une tragédie[9]. Cette querelle de famille finit par faire envoyer le jeune Voltaire chez le marquis de Châteauneuf, ambassadeur de France en Hollande.

Son exil ne fut pas long. Mme Dunoyer, qui s'y était réfugiée avec ses deux filles, pour se séparer de son mari, plus que par zèle pour la religion protestante, vivait alors à la Haye d'intrigues et de libelles, et prouvait, par sa conduite, que ce n'était pas la liberté de conscience qu'elle y était allée chercher.

M. de Voltaire devint amoureux d'une de ses filles ; la mère, trouvant que le seul parti qu'elle pût tirer de cette passion était d'en faire du bruit, se plaignit à l'ambassadeur, qui défendit à son jeune protégé de conserver des liaisons avec Mlle Dunoyer, et le renvoya dans sa famille pour n'avoir pas suivi ses ordres.

Mme Dunoyer ne manqua pas de faire imprimer cette aventure, avec les lettres[10] du jeune Arouet à sa fille, espérant que ce nom, déjà très-connu, ferait mieux vendre le livre ; et elle eut soin de vanter sa sévérité maternelle et sa délicatesse dans le libelle même où elle déshonorait sa fille.

On ne reconnaît point dans ces lettres la sensibilité de l'auteur de *Zaïre* et de *Tancrède*. Un jeune homme passionné sent vivement, mais ne distingue pas lui-même les nuances des sentiments qu'il éprouve ; il ne sait ni choisir les traits courts et rapides qui caractérisent la passion, ni trouver des termes qui peignent à l'imagination des autres le sentiment qu'il éprouve, et le fassent passer dans leur âme. Exagéré ou commun, il paraît froid lorsqu'il est dévoré de l'amour le plus vrai et le plus ardent. Le talent de peindre les passions sur le théâtre est même un des derniers qui se développe dans les poëtes. Racine n'en avait pas même montré le germe dans *les Frères ennemis* et dans *Alexandre* ; et *Brutus* a précédé *Zaïre* : c'est que, pour peindre les passions, il faut non-seulement les avoir éprouvées, mais avoir pu les observer, en juger les mouvements et les effets dans un temps où, cessant de dominer notre âme, elles n'existent plus que dans nos souvenirs. Pour les sentir, il suffit d'avoir un cœur ; il faut, pour les exprimer avec énergie et avec justesse, une âme longtemps exercée par elles, et perfectionnée par la réflexion.

Arrivé à Paris, le jeune homme oublia bientôt son amour, mais il n'oublia point de faire tous ses efforts pour enlever une jeune personne estimable et née pour la vertu à une mère intrigante et corrompue. Il employa le zèle du prosélytisme. Plusieurs évêques, et même des jésuites, s'unirent à lui. Ce projet manqua ; mais Voltaire eut dans la suite le bonheur d'être utile à Mlle Dunoyer, alors mariée au baron de Winterfeld[11].

Cependant son père, le voyant toujours obstiné à faire des vers et à vivre dans le monde, l'avait exclu de sa maison. Les lettres les plus soumises ne le touchaient point : il lui demandait même la permission de passer en Amérique, pourvu qu'avant son départ il lui permît d'embrasser ses genoux. Il fallut se résoudre, non à partir pour l'Amérique, mais à entrer chez un procureur[12].

Il n'y resta pas longtemps. M. de Caumartin[13], ami de M. Arouet, fut touché du sort de son fils, et demanda la permission de le mener à Saint-Ange[14], où, loin de ces sociétés alarmantes pour la tendresse paternelle, il devait réfléchir sur le choix d'un état. Il y trouva le vieux Caumartin[15], vieillard respectable, passionné pour Henri IV et pour Sully, alors trop oubliés de la nation. Il avait été lié avec les hommes les plus instruits du règne de Louis XIV, savait les anecdotes les plus secrètes, les savait telles qu'elles s'étaient passées, et se plaisait à les raconter. Voltaire revint de Saint-Ange, occupé de faire un poëme épique dont Henri IV serait le héros, et plein d'ardeur pour l'étude de l'histoire de France. C'est à ce voyage que nous devons *la Henriade* et *le Siècle de Louis XIV*.

Ce prince venait de mourir[16]. Le peuple, dont il avait été si longtemps l'idole ; ce même peuple qui lui avait pardonné ses profusions, ses guerres, et son despotisme, qui avait applaudi à ses persécutions contre les protestants, insultait à sa mémoire par une joie indécente. Une bulle sollicitée à Rome contre un livre de dévotion[17] avait fait oublier aux Parisiens cette gloire dont ils avaient été si longtemps idolâtres. On prodigua les satires à la mémoire de Louis le Grand, comme on lui avait prodigué les panégyriques pendant sa vie. Voltaire, accusé d'avoir fait une de ces satires, fut mis à la Bastille : elle finissait par ce vers :

J'ai vu ces maux, et je n'ai pas vingt ans[18].

Il en avait un peu plus de vingt-deux[19] ; et la police regarda cette espèce de conformité d'âge comme une preuve suffisante pour le priver de sa liberté.

C'est à la Bastille que le jeune poëte ébaucha le poëme de la Ligue, corrigea sa tragédie d'*Œdipe*, commentée longtemps auparavant, et fit une pièce de vers[20] fort gaie sur le malheur d'y être. M. le duc d'Orléans, instruit de son innocence, lui rendit sa liberté, et lui accorda une gratification.

« Monseigneur, lui dit Voltaire, je remercie Votre Altesse royale de vouloir bien continuer à se charger de ma nourriture ; mais je la prie de ne plus se charger de mon logement. »

La tragédie d'*Œdipe* fut jouée en 1718[21]. L'auteur n'était encore connu que par des pièces fugitives, par quelques épîtres où l'on trouve la philosophie de Chaulieu, avec plus d'esprit et de correction, et par une ode[22] qui avait disputé vainement le prix de l'Académie française. On lui avait préféré une pièce ridicule de l'abbé du Jarry. Il s'agissait de la décoration de l'autel de Notre-Dame, car Louis XIV s'était souvenu, après soixante et dix ans de règne, d'accomplir cette promesse de Louis XIII ; et le premier ouvrage en vers sérieux que Voltaire ait publié fut un ouvrage de dévotion.

Né avec un goût sur et indépendant, il n'aurait pas voulu mêler l'amour à l'horreur du sujet d'*Œdipe,* et il osa même présenter sa pièce aux comédiens, sans avoir payé ce tribut à l'usage ; mais elle ne fut pas reçue. L'assemblée trouva mauvais que l'auteur osât réclamer contre son goût. « Ce jeune homme mériterait bien, disait Dufresne, qu'en punition de son orgueil on jouât sa pièce avec cette grande vilaine scène traduite de Sophocle. »

Il fallut céder, et imaginer un amour épisodique et froid. La pièce réussit ; mais ce fut malgré cet amour, et la scène de Sophocle en fit le succès. Lamotte, alors le premier homme de la littérature, dit, dans son approbation[23], que cette tragédie promettait un digne successeur de Corneille et de Racine ; et cet hommage rendu par un rival dont la réputation était déjà faite, et qui pouvait craindre de se voir surpasser, doit à jamais honorer le caractère de Lamotte.

Mais Voltaire, dénoncé comme un homme de génie et comme un philosophe à la foule des auteurs médiocres et aux fanatiques de tous les partis, réunit dès lors les mêmes ennemis dont les générations, renouvelées pendant soixante ans, ont fatigué et trop souvent troublé sa longue et glorieuse carrière. Ces vers si célèbres[24] :

> Nos prêtres ne sont pas ce qu'un vain peuple pense :
> Notre crédulité fait toute leur science,

furent le premier cri d'une guerre que la mort même de Voltaire n'a pu éteindre.

À une représentation d'*Œdipe*[25], il parut sur le théâtre, portant la queue du grand prêtre. La maréchale de Villars demanda qui était ce jeune homme qui voulait faire tomber la pièce. On lui dit que c'était l'auteur. Cette étourderie, qui annonçait un homme si supérieur aux petitesses de l'amour propre, lui inspira le désir de le connaître. Voltaire, admis dans sa société, eut pour elle une passion, la première et la plus sérieuse qu'il ait éprouvée. Elle ne fut pas heureuse, et l'enleva pendant assez longtemps à l'étude, qui était déjà son premier besoin ; il n'en parla jamais depuis qu'avec le sentiment du regret et presque du remords.

Délivré de son amour, il continua *la Henriade*, et fit la tragédie d'*Artémire*. Une actrice formée par lui[26], et devenue à la fois sa maîtresse et son élève, joua le principal rôle. Le public, qui avait été juste pour *Œdipe*, fut au moins sévère pour *Artémire*[27] : effet ordinaire de tout premier succès. Une aversion secrète pour une supériorité reconnue n'en est pas la seule cause, mais elle sait profiter d'un sentiment naturel, qui nous rend d'autant moins faciles que nous espérons davantage.

Cette tragédie ne valut à Voltaire que la permission de revenir à Paris[28], dont une nouvelle calomnie et ses liaisons avec les ennemis du régent, et entre autres avec le duc de Richelieu et le fameux baron de Gortz[29], l'avaient fait éloigner. Ainsi cet ambitieux, dont les vastes projets embrassaient l'Europe et menaçaient de la bouleverser, avait choisi pour ami, et presque pour confident, un jeune poëte : c'est que les hommes supérieurs se devinent et se cherchent, qu'ils ont une langue commune qu'eux seuls peuvent parler et entendre.

En 1722, Voltaire accompagna Mme de Rupelmonde[30] en Hollande. Il voulait voir, à Bruxelles, Rousseau, dont il plaignait les malheurs, et dont il estimait le talent poétique. L'amour de son art l'emportait sur le juste mépris que le caractère de Rousseau devait lui inspirer. Voltaire le consulta sur son poëme de *la Ligue,* lui lut l'*Épître à Uranie,* faite pour Mme de Rupelmonde, et premier monument de sa liberté de penser, comme de son talent pour traiter en vers et rendre populaires les questions de métaphysique ou de morale. De son côté, Rousseau lui récita une *Ode à la Postérité,* qui, comme Voltaire le lui dit alors, à ce qu'on prétend, ne devait pas aller à son adresse ; et le *Jugement de Pluton,* allégorie satirique, et cependant aussi promptement oubliée que l'ode. Les deux poëtes se séparèrent ennemis irréconciliables. Rousseau se déchaîna contre Voltaire, qui ne répondit qu'après quinze ans de patience. On est étonné de voir l'auteur de tant d'épigrammes licencieuses, où les ministres de la religion sont continuellement livrés à la risée et à l'opprobre, donner sérieusement, pour cause de sa haine contre Voltaire, sa contenance évaporée pendant la messe et l'*Épitre à Uranie*[31]. Mais Rousseau avait pris le masque de la dévotion : elle était alors un asile honorable pour ceux que l'opinion mondaine avait flétris, asile sûr et commode que malheureusement la philosophie, qui a fait tant d'autres maux, leur a fermé depuis sans retour[32].

En 1724, Voltaire donna *Mariamne*[33]. C'était le sujet d'*Artémire* sous des noms nouveaux, avec une intrigue moins compliquée et moins romanesque ; mais c'était surtout le style de Racine. La pièce fut jouée quarante fois. L'auteur combattit, dans la préface, l'opinion de Lamotte[34], qui, né avec beaucoup d'esprit et de raison, mais peu sensible à l'harmonie, ne trouvait dans les vers d'autre mérite que celui de la difficulté vaincue, et ne voyait dans la poésie qu'une forme de convention, imaginée pour soulager la mémoire, et à laquelle l'habitude seule faisait trouver des charmes. Dans ses lettres imprimées à la fin d'*Œdipe*[35], il avait déjà combattu le même poëte, qui regardait la règle des trois unités comme un autre préjugé.

On doit savoir gré à ceux qui osent, comme Lamotte, établir dans les arts des paradoxes contraires aux idées communes. Pour défendre les règles anciennes, on est obligé de les examiner : si l'opinion reçue se trouve vraie, on a l'avantage de croire par raison ce qu'on croyait par habitude ; si elle est fausse, on est délivré d'une erreur.

Cependant il n'est pas rare de montrer de l'humeur contre ceux qui nous forcent à examiner ce que nous avons admis sans réflexion. Les esprits qui, comme Montaigne, s'endorment tranquillement sur l'oreiller du doute, ne sont pas communs ; ceux qui sont tourmentés du désir d'atteindre à la vérité sont plus rares encore. Le vulgaire aime à croire, même sans preuve, et chérit sa sécurité dans son aveugle croyance, comme une partie de son repos.

C'est vers la même époque que parut *la Henriade,* sous le nom de *la Ligue.* Une copie imparfaite, enlevée à l'auteur, fut imprimée furtivement ; et non-seulement il y était resté des lacunes, mais on en avait rempli quelques-unes.

La France eut donc enfin un poëme épique. On peut regretter sans doute que Voltaire, qui a mis tant d'action dans ses tragédies, qui y fait parler aux passions un langage si naturel et si vrai, qui a su également les peindre, et par l'analyse des sentiments qu'elles font éprouver, et par les traits qui leur échappent, n'ait point déployé dans *la Henriade* ces talents que nul homme n'a encore réunis au même degré ; mais un sujet si connu, si près de nous, laissait peu de liberté à l'imagination du poëte. La passion sombre et cruelle du fanatisme, s'exerçant sur les personnages subalternes, ne pouvait exciter que l'horreur. Une ambition hypocrite était la seule qui animât les chefs de la Ligue. Le héros, brave, humain et galant, mais n'éprouvant que les malheurs de la fortune, et les éprouvant seul, ne pouvait intéresser que par sa valeur et sa clémence ; enfin il était impossible que la conversion un peu forcée de Henri IV formât jamais un dénomment bien héroïque.

Mais si, pour l'intérêt des événements, pour la variété, pour le mouvement, *la Henriade* est inférieure aux poëmes épiques qui étaient alors en possession de l'admiration générale, par combien de beautés neuves cette infériorité n'est-elle point compensée ! Jamais une philosophie si profonde et si vraie a-t-elle été embellie par des vers plus sublimes ou plus touchants ? quel autre poëme offre des caractères dessinés avec plus de force et de noblesse, sans rien perdre de leur vérité historique ? quel autre renferme une morale plus pure, un amour de l'humanité plus éclairé, plus libre des préjugés et des passions vulgaires ? Que le poëte fasse agir ou parler ses personnages, qu'il peigne les attentats du fanatisme ou les charmes et les dangers de l'amour, qu'il transporte ses lecteurs sur un champ de bataille ou dans le ciel que son imagination a créé, partout il est philosophe, partout il paraît profondément occupé des vrais intérêts du genre humain. Du milieu même des fictions on voit sortir de grandes vérités, sous un pinceau toujours brillant et toujours pur.

Parmi tous les poëmes épiques, *la Henriade* seule a un but moral ; non qu'on puisse dire qu'elle soit le développement d'une seule vérité, idée pédantesque à laquelle un poëte ne peut assujettir sa marche, mais parce qu'elle respire partout la haine de la guerre et du fanatisme, la tolérance, et l'amour de l'humanité. Chaque poëme prend nécessairement la teinte du siècle qui l'a vu naître, et *la Henriade* est née dans le siècle de la raison. Aussi plus la raison fera de progrès parmi les hommes, plus ce poëme aura d'admirateurs.

On peut comparer *la Henriade* à *l'Énéide* : toutes deux portent l'empreinte du génie dans tout ce qui a dépendu du poëte, et n'ont que les défauts d'un sujet dont le choix a également été dicté par l'esprit national. Mais Virgile ne voulait que flatter l'orgueil des Romains, et Voltaire eut le motif plus noble de préserver les Français du fanatisme, en leur retraçant les crimes où il avait entraîné leurs ancêtres.

La Henriade, Œdipe, et Mariamne, avaient placé Voltaire bien au-dessus de ses contemporains, et semblaient lui assurer une carrière brillante, lorsqu'un événement fatal vint troubler sa vie. Il avait répondu par des paroles piquantes au mépris que lui avait témoigné un homme de la cour[36],

qui s'en vengea en le faisant insulter par ses gens, sans compromettre sa sûreté personnelle. Ce fut à la porte de l'hôtel de Sully, où il dinait, qu'il reçut cet outrage, dont le duc de Sully ne daigna témoigner aucun ressentiment, persuadé sans doute que les descendants des Francs ont conservé droit de vie et de mort sur ceux des Gaulois. Les lois furent muettes ; le parlement de Paris, qui a puni ou fait punir de moindres outrages lorsqu'ils ont eu pour objet quelqu'un de ses subalternes, crut ne rien devoir à un simple citoyen qui n'était que le premier homme de la nation, et garda le silence.

Voltaire voulut prendre les moyens de venger l'honneur outragé, moyens autorisés par les mœurs des nations modernes, et proscrits par leurs lois : la Bastille, et au bout de six mois[37] l'ordre de quitter Paris, furent la punition de ses premières démarches. Le cardinal de Fleury n'eut pas même la petite politique de donner à l'agresseur la plus légère marque de mécontentement. Ainsi, lorsque les lois abandonnaient les citoyens, le pouvoir arbitraire les punissait de chercher une vengeance que ce silence rendait légitime, et que les principes de l'honneur prescrivaient comme nécessaire. Nous osons croire que de notre temps la qualité d'homme serait plus respectée, que les lois ne seraient plus muettes devant le ridicule préjugé de la naissance, et que, dans une querelle entre deux citoyens, ce ne serait pas à l'offensé que le ministère enlèverait sa liberté et sa patrie.

Voltaire fit encore à Paris un voyage secret et inutile[38] ; il vit trop qu'un adversaire, qui disposait à son gré de l'autorité ministérielle et du pouvoir judiciaire, pourrait également l'éviter et le perdre. Il s'ensevelit dans la retraite, et dédaigna de s'occuper plus longtemps de sa vengeance, ou plutôt il ne voulut se venger qu'en accablant son ennemi du poids de sa gloire, et en le forçant d'entendre répéter, au bruit des acclamations de l'Europe, le nom qu'il avait voulu avilir.

L'Angleterre fut son asile. Newton n'était plus[39], mais son esprit régnait sur ses compatriotes, qu'il avait instruits à ne reconnaître pour guides, dans l'étude de la nature, que l'expérience et le calcul. Locke, dont la mort était encore récente, avait donné le premier une théorie de l'âme humaine, fondée sur l'expérience, et montré la route qu'il faut suivre en métaphysique pour ne point s'égarer. La philosophie de Shaftesbury, commentée par Bolingbroke, embellie par les vers de Pope, avait fait naître en Angleterre un déisme qui annonçait une morale fondée sur des motifs faits pour émouvoir les âmes élevées, sans offenser la raison.

Cependant, en France, les meilleurs esprits cherchaient encore à substituer, dans nos écoles, les hypothèses de Descartes aux absurdités de la physique scolastique ; une thèse où l'on soutenait soit le système de Copernic, soit les tourbillons, était une victoire sur les préjugés. Les idées innées étaient devenues presque un article de foi aux yeux des dévots, qui d'abord les avaient prises pour une hérésie. Malebranche, qu'on croyait entendre, était le philosophe à la mode. On passait pour un esprit fort, lorsqu'on se permettait de regarder l'existence de cinq propositions, dans le livre illisible de Jansénius, comme un fait indifférent au bonheur de l'espèce humaine, ou qu'on osait lire Bayle sans la permission d'un docteur en théologie.

Ce contraste devait exciter l'enthousiasme d'un homme qui, comme Voltaire, avait dès son enfance secoué tous les préjugés. L'exemple de l'Angleterre lui montrait que la vérité n'est pas faite pour rester un secret entre les mains de quelques philosophes, et d'un petit nombre de gens du monde instruits, ou plutôt endoctrinés par les philosophes, riant avec eux des erreurs dont le peuple est la victime, mais s'en rendant eux-mêmes les défenseurs lorsque leur état ou leur place leur y fait trouver un intérêt chimérique ou réel, et prêts à laisser proscrire ou même à persécuter leurs précepteurs, s'ils osent dire ce qu'eux-mêmes pensent en secret.

Dès ce moment Voltaire se sentit appelé à détruire les préjugés de toute espèce dont son pays était l'esclave. Il sentit la possibilité d'y réussir par un mélange heureux d'audace et de souplesse, en sachant tantôt céder aux temps, tantôt en profiter, ou les faire naître ; en se servant tour à tour, avec adresse, du raisonnement, de la plaisanterie, du charme des vers, ou des effets du théâtre ; en rendant enfin la raison assez simple pour devenir populaire, assez aimable pour ne pas effrayer la frivolité, assez piquante pour être à la mode. Ce grand projet de se rendre, par les seules forces de son génie, le bienfaiteur de tout un peuple, en l'arrachant à ses erreurs, enflamma l'âme de Voltaire, échauffa son courage. Il jura d'y consacrer sa vie, et il a tenu parole.

La tragédie de *Brutus*[40] fut le premier fruit de son voyage en Angleterre.

Depuis *Cinna* notre théâtre n'avait point retenti des fiers accents de la liberté ; et, dans *Cinna*, ils étaient étouffés par ceux de la vengeance. On trouva dans *Brutus* la force de Corneille avec plus de pompe et d'éclat, avec un naturel que Corneille n'avait pas, et l'élégance soutenue de Racine. Jamais les droits d'un peuple opprimé n'avaient été exposés avec plus de force, d'éloquence, de précision même, que dans la seconde scène de *Brutus*. Le cinquième acte est un chef-d'œuvre de pathétique.

On a reproché au poëte d'avoir introduit l'amour dans ce sujet si imposant et si terrible, et surtout un amour sans un grand intérêt ; mais Titus, entraîné par un autre motif que l'amour, eût été avili ; la sévérité de Brutus n'eût plus déchiré l'âme des spectateurs ; et si cet amour eût trop intéressé, il était à craindre que leur cœur n'eût trahi la cause de Rome. Ce fut après cette pièce que Fontenelle dit à Voltaire, « qu'il ne le croyait point propre à la tragédie ; que son style était trop fort, trop pompeux, trop brillant. — Je vais donc relire vos *Pastorales,* » lui répondit Voltaire.

Il crut alors pouvoir aspirer à une place à l'Académie française, et on pouvait le trouver modeste d'avoir attendu si longtemps ; mais il n'eut pas même l'honneur de balancer les suffrages. Le Gros de Boze prononça, d'un ton doctoral, que Voltaire ne serait jamais un personnage académique.

Ce de Boze, oublié aujourd'hui[41], était un de ces hommes qui, avec peu d'esprit et une science médiocre, se glissent dans les maisons des grands et des gens en place, et y réussissent parce qu'ils ont précisément ce qu'il faut pour satisfaire la vanité d'avoir chez soi des gens de lettres, et que leur esprit ne peut ni inspirer la crainte ni humilier l'amour-propre. De Boze était d'ailleurs un personnage important ; il exerçait alors à Paris l'emploi d'inspecteur de la librairie, que depuis la magistrature a usurpé sur les gens de lettres, à qui l'avidité des hommes riches ou accrédités ne laisse que les places dont les fonctions personnelles exigent des lumières et des talents.

Après *Brutus*, Voltaire fit *la Mort de César*[42], sujet déjà traité par Shakespeare, dont il imita quelques scènes en les embellissant. Cette tragédie ne fut jouée qu'au bout de quelques années, et dans un collége. Il n'osait risquer sur le théâtre une pièce sans amour, sans femmes, et une tragédie en trois actes ; car les innovations peu importantes ne sont pas toujours celles qui soulèvent le moins les ennemis de la nouveauté. Les petits esprits doivent être plus frappés des petites choses. Cependant un style noble, hardi, figuré, mais toujours naturel et vrai ; un langage digne du vainqueur et des libérateurs du monde ; la force et la grandeur des caractères, le sens profond qui règne dans les discours de ces derniers Romains, occupent et attachent les spectateurs faits pour sentir ce mérite, les hommes qui ont dans le cœur ou dans l'esprit quelque rapport avec ces grands personnages, ceux qui aiment l'histoire, les jeunes gens enfin, encore pleins de ces objets que l'éducation a mis sous leurs yeux.

Les tragédies historiques, comme *Cinna, la Mort de Pompée, Brutus, Rome sauvée, le Triumvirat,* de Voltaire, ne peuvent avoir l'intérêt du *Cid*, d'*Iphigénie*, de *Zaïre*, ou de *Mérope*. Les passions douces et tendres du cœur humain ne pourraient s'y développer sans distraire du tableau historique qui en est le sujet ; les événements ne peuvent y être disposés avec la même liberté pour les faire servir à l'effet théâtral. Le poëte y est bien moins maître des caractères. L'intérêt, qui est celui d'une nation ou d'une grande révolution, plutôt que celui d'un individu, est dès lors bien plus faible, parce qu'il dépend de sentiments moins personnels et moins énergiques.

Mais, loin de proscrire ce genre comme plus froid, comme moins favorable au génie dramatique du poëte, il faudrait l'encourager, parce qu'il ouvre un champ vaste au génie poétique, qui peut y développer toutes les grandes vérités de la politique ; parce qu'il offre de grands tableaux historiques, et qu'enfin c'est celui qu'on peut employer avec plus de succès à élever l'âme et à la former. On doit sans doute placer au premier rang les poëmes qui, comme *Mahomet*, comme *Alzire*, sont à la fois des tragédies intéressantes ou terribles, et de grands tableaux ; mais ces sujets sont très-rares, et ils exigent des talents que Voltaire seul a réunis jusqu'ici.

On ne voulut point permettre d'imprimer *la Mort de César*. On fit un crime à l'auteur des sentiments républicains répandus dans sa pièce, imputation d'autant plus ridicule que chacun parle son langage, que Brutus n'en est pas plus le héros que César ; que le poëte, dans un genre purement historique, en traçant ses portraits d'après l'histoire, en a conservé l'impartialité. Mais, sous le gouvernement à la fois tyrannique et pusillanime du cardinal de Fleury, le langage de la servitude était le seul qui pût paraître innocent.

Qui croirait aujourd'hui que l'élégie sur la mort de Mlle Lecouvreur[43] ait été pour Voltaire le sujet d'une persécution sérieuse, qui l'obligea de quitter la capitale, où il savait qu'heureusement l'absence fait tout oublier, même la fureur de persécuter !

Les théâtres sont une institution vraiment utile : c'est par eux qu'une jeunesse inappliquée et frivole conserve encore quelque habitude de sentir et de penser, que les idées morales ne lui deviennent point absolument étrangères, que les plaisirs de l'esprit existent pour elle. Les sentiments qu'excite la représentation d'une tragédie élèvent l'âme, l'épurent, la tirent de cette apathie, de cette personnalité, maladies auxquelles l'homme riche et dissipé est condamné par la nature. Les spectacles forment en quelque sorte un lien entre la classe des hommes qui pensent et celle des hommes qui ne pensent point. Ils adoucissent l'austérité des uns, et tempèrent dans les autres la dureté qui naît de l'orgueil et de la légèreté. Mais, par une fatalité singulière, dans le pays où l'art du théâtre a été porté au plus haut degré de perfection, les acteurs, à qui le public doit le plus noble de ses plaisirs, condamnés par la religion, sont flétris par un préjugé ridicule.

Voltaire osa le combattre. Indigné qu'une actrice célèbre, longtemps l'objet de l'enthousiasme, enlevée par une mort prompte et cruelle, fût, en qualité d'excommuniée, privée de la sépulture, il s'éleva et contre la nation frivole qui soumettait lâchement sa tête à un joug honteux, et contre la pusillanimité des gens en place, qui laissaient tranquillement flétrir ce qu'ils avaient admiré. Si les nations ne se corrigent guère, elles souffrent du moins les leçons avec patience. Mais les prêtres, à qui les parlements ne laissaient plus excommunier que les sorciers et les comédiens, furent irrités qu'un poëte osât leur disputer la moitié de leur empire, et les gens en place ne lui pardonnèrent point de leur avoir reproché leur indigne faiblesse.

Voltaire sentit qu'un grand succès au théâtre pouvait seul, en lui assurant la bienveillance publique, le défendre contre le fanatisme. Dans les pays où il n'existe aucun pouvoir populaire, toute classe d'hommes qui a un point de ralliement devient une sorte de puissance. Un auteur dramatique est sous la sauvegarde des sociétés pour lesquelles le spectacle est un amusement ou une ressource. Ce public, en applaudissant à des allusions, blesse ou flatte la vanité des gens en place, décourage ou ranime les partis élevés contre eux, et ils n'osent le braver ouvertement. Voltaire donna donc *Ériphyle*[44], qui ne remplit point son but ; mais, loin de se laisser abattre par ce revers, il saisit le sujet de *Zaïre*, en conçoit le plan, achève l'ouvrage en dix-huit jours, et elle paraît sur le théâtre quatre-mois après *Ériphyle*[45].

Le succès passa ses espérances. Cette pièce est la première où, quittant les traces de Corneille et de Racine, il ait montré un art, un talent, et un style qui n'étaient plus qu'à lui. Jamais un amour plus vrai, plus passionné, n'avait arraché de si douces larmes ; jamais aucun poëte n'avait peint les fureurs de la jalousie dans une âme si tendre, si naïve, si généreuse. On aime Orosmane, lors même qu'il fait frémir ; il immole Zaïre, cette Zaïre si intéressante, si vertueuse, et on ne peut le haïr. Et, s'il était possible de se distraire d'Orosmane et de Zaïre, combien la religion n'est-elle pas imposante dans le vieux Lusignan ! quelle noblesse le fanatique Nérestan met dans ses reproches ! avec quel art le poëte a su présenter ces chrétiens qui viennent troubler une union si touchante ! Une femme sensible et pieuse pleure sur Zaïre qui a sacrifié à son Dieu son amour et sa vie, tandis qu'un homme étranger au christianisme pleure Zaïre, dont le cœur, égaré par sa tendresse pour son père, s'immole au préjugé superstitieux qui lui défend d'aimer un homme d'une secte étrangère : et c'est là le chef-d'œuvre de l'art. Pour quiconque ne croit point aux livres juifs, *Athalie* n'est que l'école du fanatisme, de l'assassinat et du mensonge. *Zaïre* est, dans toutes les opinions, comme pour tous les pays, la tragédie des cœurs tendres et des âmes pures.

Elle fut suivie d'*Adélaïde du Guesclin*[46], également fondée sur l'amour, et où, comme dans *Zaïre*, des héros français, des événements de notre histoire, rappelés en beaux vers, ajoutaient encore à l'intérêt ; mais c'était le patriotisme d'un citoyen qui se plaît à rappeler des noms respectés et de grandes époques, et non ce patriotisme d'antichambre, qui depuis a tant réussi sur la scène française.

Adélaïde n'eut point de succès. Un plaisant du parterre avait empêché de finir *Mariamne*, en criant : *La reine boit !* un autre fit tomber *Adélaïde* en répondant : *Coussi, coussi* à ce mot si noble, si touchant de Vendôme : *Es- tu content, Couci ?*

Cette même pièce reparut sous le nom du *Duc de Foix*[47], corrigée moins d'après le sentiment de l'auteur que sur les jugements des critiques ; elle réussit mieux. Mais lorsque, longtemps après, les trois coups de marteau du *Philosophe sans le savoir*[48] eurent appris qu'on ne sifflerait plus le coup de canon d'*Adélaïde* ; lorsqu'elle se remontra sur la scène, malgré Voltaire, qui se souvenait moins des beautés de sa pièce que des critiques qu'elle avait essuyées ; alors elle enleva tous les suffrages, alors on sentit toute la beauté du rôle de Vendôme, aussi amoureux qu'Orosmane : l'un, jaloux par la suite d'un caractère impérieux ; l'autre, par l'excès de sa passion ; l'un, tyrannique par l'impétuosité et la hauteur naturelle de son âme ; l'autre, par un malheur attaché à l'habitude du pouvoir absolu. Orosmane, tendre, désintéressé dans son amour, se rend coupable dans un moment de délire où le plonge une erreur excusable, et s'en punit en s'immolant lui-même ; Vendôme, plus personnel, appartenant à sa passion plus qu'à sa maîtresse, forme, avec une fureur plus tranquille, le projet de son crime, mais l'expie par ses remords et par le sacrifice de son amour. L'un montre les excès et les malheurs où la violence des passions entraîne les âmes généreuses ; l'autre, ce que peuvent le repentir et le sentiment de la vertu sur les âmes fortes, mais abandonnées à leurs passions.

On prétend que le *Temple du Goût*[49] nuisit beaucoup au succès d'*Adélaïde*. Dans cet ouvrage charmant, Voltaire jugeait les écrivains du siècle passé, et même quelques-uns de ses contemporains. Le temps a confirmé tous ses jugements ; mais alors ils parurent autant de sacriléges. En observant cette intolérance littéraire, cette nécessité imposée à tout écrivain qui veut conserver son repos, de respecter les opinions établies sur le mérite d'un orateur ou d'un poëte ; cette fureur avec laquelle le public poursuit ceux qui osent, sur les objets même les plus indifférents, ne penser que d'après eux-mêmes, on serait tenté de croire que l'homme est intolérant par sa nature. L'esprit, le génie, la raison, ne garantissent pas toujours de ce malheur. Il est bien peu d'hommes qui n'aient pas en secret quelques idoles dont ils ne voient point de sang-froid qu'on ose affaiblir ou détruire le culte.

Dans le grand nombre, ce sentiment a pour origine l'orgueil et l'envie. On regarde comme affectant sur nous une supériorité qui nous blesse l'écrivain qui, en critiquant ceux que nous admirons, a l'air de se croire supérieur à eux, et dès lors à nous-mêmes. On craint qu'en abattant la statue de l'homme qui n'est plus, il ne prétende élever à sa place celle d'un homme vivant, dont la gloire est toujours un spectacle affligeant pour la médiocrité. Mais si des esprits supérieurs s'abandonnent à cette espèce d'intolérance, cette faiblesse excusable et passagère, née de la paresse et de l'habitude, cède bientôt à la vérité, et ne produit ni l'injustice ni la persécution.

Dans sa retraite, Voltaire avait conçu l'heureux projet de faire connaître à sa nation la philosophie, la littérature, les opinions, les sectes de l'Angleterre ; et il fit ses *Lettres sur les Anglais*[50]. Newton, dont on ne connaissait en France ni les opinions philosophiques, ni le système du monde, ni presque même les expériences sur la lumière ; Locke, dont le livre traduit en français[51] n'avait été lu que par un petit nombre de philosophes ; Bacon, qui n'était célèbre que comme chancelier ; Shakespeare, dont le génie et les fautes grossières sont un phénomène dans l'histoire de la littérature ; Congrève, Wicherley, Addison, Pope, dont les noms étaient presque inconnus même de nos gens de lettres ; ces quakers[52], fanatiques sans être persécuteurs, insensés dans leur dévotion, mais les plus raisonnables des chrétiens dans leur croyance et dans leur morale, ridicules aux yeux du reste des hommes pour avoir outré deux vertus, l'amour de la paix et celui de l'égalité ; les autres sectes qui se partageaient l'Angleterre ; l'influence qu'un esprit général de liberté y exerce sur la littérature, sur la philosophie, sur les arts, sur les opinions, sur les mœurs ; l'histoire de l'insertion de la petite vérole reçue presque sans obstacle, et examinée sans prévention, malgré la singularité et la nouveauté de cette pratique : tels furent les objets principaux traités dans cet ouvrage.

Fontenelle avait le premier fait parler à la raison et à la philosophie un langage agréable et piquant ; il avait su répandre sur les sciences la lumière d'une philosophie toujours sage, souvent fine, quelquefois profonde : dans les

Lettres de Voltaire, on trouve le mérite de Fontenelle avec plus de goût, de naturel, de hardiesse, et de gaieté. Un vieil attachement aux erreurs de Descartes n'y vient pas répandre sur la vérité des ombres qui la cachent ou la défigurent. C'est la logique et la plaisanterie des *Provinciales*, mais s'exerçant sur de plus grands objets, n'étant jamais corrompues par un vernis de dévotion monacale.

Cet ouvrage fut parmi nous l'époque d'une révolution ; il commença à y faire naître le goût de la philosophie et de la littérature anglaise ; à nous intéresser aux mœurs, à la politique, aux connaissances commerciales de ce peuple ; à répandre sa langue parmi nous. Depuis, un engouement puéril a pris la place de l'ancienne indifférence ; et, par une singularité remarquable, Voltaire a eu encore la gloire de le combattre, et d'en diminuer l'influence.

Il nous avait appris à sentir le mérite de Shakespeare, et à regarder son théâtre comme une mine d'où nos poëtes pourraient tirer des trésors ; et lorsqu'un ridicule enthousiasme a présenté comme un modèle à la nation de Racine et de Voltaire ce poëte éloquent, mais sauvage et bizarre, et a voulu nous donner pour des tableaux énergiques et vrais de la nature ses toiles chargées de compositions absurdes et de caricatures dégoûtantes et grossières, Voltaire a défendu la cause du goût et de la raison[53]. Il nous avait reproché la trop grande timidité de notre théâtre ; il fut obligé de nous reprocher d'y vouloir porter la licence barbare du théâtre anglais.

La publication de ces *Lettres* excita une persécution[54] dont, en les lisant aujourd'hui, on aurait peine à concevoir l'acharnement ; mais il y combattait les idées innées[55], et les docteurs croyaient alors que, s'ils n'avaient point d'idées innées, il n'y aurait pas de caractères assez sensibles pour distinguer leur âme de celle des bêtes. D'ailleurs il y soutenait avec Locke qu'il n'était pas rigoureusement prouvé que Dieu n'aurait pas le pouvoir, s'il le voulait absolument, de donner à un élément de la matière la faculté de penser ; et c'était aller contre le privilége des théologiens, qui prétendent savoir à point nommé, et savoir seuls, tout ce que Dieu a pensé, tout ce qu'il a fait ou pu faire depuis et même avant le commencement du monde.

Enfin, il y examinait quelques passages des *Pensées* de Pascal[56], ouvrage que les jésuites mêmes étaient obligés de respecter malgré eux, comme ceux de saint Augustin ; on fut scandalisé de voir un poëte, un laïque, oser juger Pascal. Il semblait qu'attaquer le seul des défenseurs de la religion chrétienne qui eût auprès des gens du monde la réputation d'un grand homme, c'était attaquer la religion même, et que ses preuves seraient affaiblies si le géomètre, qui avait promis de se consacrer à sa défense, était convaincu d'avoir souvent mal raisonné.

Le clergé demanda la suppression des *Lettres sur les Anglais*, et l'obtint par un arrêt du conseil[57]. Ces arrêts se donnent sans examen, comme une espèce de dédommagement du subside que le gouvernement obtient des assemblées du clergé, et une récompense de leur facilité à l'accorder. Les ministres oublient que l'intérêt de la puissance séculière n'est pas de maintenir, mais de laisser détruire, par les progrès de la raison, l'empire dont les prêtres ont si longtemps abusé avec tant de barbarie, et qu'il n'est pas d'une bonne politique d'acheter la paix de ses ennemis, en leur sacrifiant ses défenseurs.

Le parlement brûla le livre, suivant un usage jadis inventé par Tibère, et devenu ridicule depuis l'invention de l'imprimerie ; mais il est des gens auxquels il faut plus de trois siècles pour commencer à s'apercevoir d'une absurdité.

Toute cette persécution s'exerçait dans le temps même où les miracles du diacre Pâris[58] et ceux du Père Girard[59] couvraient les deux partis de ridicule et d'opprobre. Il était juste qu'ils se réunissent contre un homme qui osait prêcher la raison. On alla jusqu'à ordonner des informations contre l'auteur[60] des *Lettres philosophiques*. Le garde des sceaux fit exiler Voltaire, qui, alors absent, fut averti à temps, évita les gens envoyés pour le conduire au lieu de son exil, et aima mieux combattre de loin et d'un lieu sûr. Ses amis prouvèrent qu'il n'avait pas manqué à sa promesse de ne point publier ses *Lettres* en France, et qu'elles n'avaient paru que par l'infidélité d'un relieur. Heureusement le garde des sceaux était plus zélé pour son autorité que pour la religion, et beaucoup plus ministre que dévot. L'orage s'apaisa, et Voltaire eut la permission de reparaître à Paris.

Le calme ne dura qu'un instant. L'*Épître à Uranie*[61], jusqu'alors renfermée dans le secret, fut imprimée ; et, pour échapper à une persécution nouvelle, Voltaire fut obligé de la désavouer, et de l'attribuer à l'abbé de Chaulieu, mort depuis plusieurs années. Cette imputation lui faisait honneur comme poëte, sans nuire à sa réputation de chrétien[62].

La nécessité de mentir pour désavouer un ouvrage est une extrémité qui répugne également à la conscience et à la noblesse du caractère ; mais le crime est pour les hommes injustes qui rendent ce désaveu nécessaire à la sûreté de celui qu'ils y forcent. Si vous avez érigé en crime ce qui n'en est pas un, si vous avez porté atteinte, par des lois absurdes ou par des lois arbitraires, au droit naturel qu'ont tous les hommes, non-seulement d'avoir une opinion, mais de la rendre publique, alors vous méritez de perdre celui qu'a chaque homme d'entendre la vérité de la bouche d'un autre, droit qui fonde seul l'obligation rigoureuse de ne pas mentir. S'il n'est pas permis de tromper, c'est parce que tromper quelqu'un c'est lui faire un tort, ou s'exposer à lui en faire un ; mais le tort suppose un droit, et personne n'a celui de chercher à s'assurer les moyens de commettre une injustice.

Nous ne disculpons point Voltaire d'avoir donné son ouvrage à l'abbé de Chaulieu ; une telle imputation, indifférente en elle-même, n'est, comme on sait, qu'une plaisanterie. C'est une arme qu'on donne aux gens en place, lorsqu'ils sont disposés à l'indulgence sans oser en convenir, et dont ils se servent pour repousser les persécuteurs plus sérieux et plus acharnés.

L'indiscrétion avec laquelle les amis de Voltaire récitèrent quelques fragments de *la Pucelle* fut la cause d'une nouvelle persécution[63]. Le garde des sceaux menaça le poète d'*un cul de basse-fosse,* si jamais il paraissait rien de cet ouvrage. À une longue distance du temps où ces tyrans subalternes, si bouffis d'une puissance éphémère, ont osé tenir un tel langage à des hommes qui sont la gloire de leur patrie et de leur siècle, le sentiment de mépris qu'on éprouve ne laisse plus de place à l'indignation. L'oppresseur et l'opprimé sont également dans la tombe ; mais le nom de l'opprimé, porté par la gloire aux siècles à venir, préserve seul de l'oubli, et dévoue à une honte éternelle celui de ses lâches persécuteurs.

Ce fut dans le cours de ces orages que le lieutenant de police Hérault dit un jour à Voltaire : « Quoi que vous écriviez, vous ne viendrez pas à bout de détruire la religion chrétienne. — C'est ce que nous verrons, » répondit-il[64].

Dans un moment où l'on parlait beaucoup d'un homme arrêté, sur une lettre de cachet suspecte de fausseté, il demanda au même magistrat ce qu'on faisait à ceux qui fabriquaient de fausses lettres de cachet. « On les pend. — C'est toujours bien fait, en attendant qu'on traite de même ceux qui en signent de vraies. »

Fatigué de tant de persécutions, Voltaire crut alors devoir changer sa manière de vivre. Sa fortune lui en laissait la liberté. Les philosophes anciens vantaient la pauvreté comme la sauvegarde de l'indépendance. Voltaire voulut devenir riche pour être indépendant ; et il eut également raison. On ne connaissait point chez les anciens ces richesses secrètes qu'on peut s'assurer à la fois dans différents pays, et mettre à l'abri de tous les orages. L'abus des confiscations y rendait les richesses aussi dangereuses par elles-mêmes que la gloire ou la faveur populaire. L'immensité de l'empire romain, et la petitesse des républiques grecques, empêchaient également de soustraire à ses ennemis ses richesses et sa personne. La différence des mœurs entre les nations voisines, l'ignorance presque générale de toute langue étrangère, une moins grande communication entre les peuples, étaient autant d'obstacles au changement de patrie.

D'un autre côté, les anciens connaissaient moins ces aisances de la vie, nécessaires parmi nous à tous ceux qui ne sont point nés dans la pauvreté. Leur climat les assujettissait à moins de besoins réels, et les riches donnaient plus à la magnificence, aux raffinements de la débauche, aux excès, aux fantaisies, qu'aux commodités habituelles et journalières. Ainsi, en même temps qu'il leur était à la fois plus facile d'être pauvres, et plus difficile d'être riches sans danger, les richesses n'étaient pas chez eux, comme parmi nous, un moyen de se soustraire à une oppression injuste.

Ne blâmons donc point un philosophe d'avoir, pour assurer son indépendance, préféré les ressources que les mœurs de son siècle lui présentaient, à celles qui convenaient à d'autres mœurs et à d'autres temps.

Voltaire avait hérité de son père et de son frère une fortune honnête ; l'édition de *la Henriade,* faite à Londres, l'avait augmentée ; des spéculations heureuses dans les fonds publics y ajoutèrent encore : ainsi, à l'avantage d'avoir une fortune qui assurait son indépendance, il joignit celui de ne la devoir qu'à lui-même. L'usage qu'il en fit aurait dû la lui faire pardonner.

Des secours à des gens de lettres, des encouragements à des jeunes gens en qui il croyait apercevoir le germe du talent, en absorbaient une grande partie. C'est surtout à cet usage qu'il destinait le faible profit qu'il tirait de ses ouvrages ou de ses pièces de théâtre, lorsqu'il ne les abandonnait pas aux comédiens. Jamais auteur ne fut cependant plus cruellement accusé d'avoir eu des torts avec ses libraires ; mais ils avaient à leurs ordres toute la canaille littéraire, avide de calomnier la conduite de l'homme dont ils savaient trop qu'ils ne pouvaient étouffer les ouvrages. L'orgueilleuse médiocrité, quelques hommes de mérite blessés d'une supériorité trop incontestable ; les gens du monde toujours empressés d'avilir des talents et des lumières, objets secrets de leur envie ; les dévots intéressés à décrier Voltaire pour avoir moins à le craindre ; tous s'empressaient d'accueillir les calomnies des libraires et des Zoïles. Mais les preuves de la fausseté de ces imputations subsistent encore avec celles des bienfaits[65] dont Voltaire a comblé quelques-uns de ses calomniateurs : et nous n'avons pu les voir sans gémir, et sur le malheur du génie condamné à la calomnie, triste compensation de la gloire, et sur cette honteuse facilité à croire tout ce qui peut dispenser d'admirer.

Voltaire n'ayant donc besoin pour sa fortune ni de cultiver des protecteurs, ni de solliciter des places, ni de négocier avec des libraires, renonça au séjour de la capitale. Jusqu'au ministère du cardinal de Fleury, et jusqu'à son voyage en Angleterre, il avait vécu dans le plus grand monde. Les princes, les grands, ceux qui étaient à la tête des affaires, les gens à la mode, les femmes les plus brillantes, étaient recherchés par lui et le recherchaient. Partout il plaisait, il était fêté ; mais partout il inspirait l'envie et la crainte. Supérieur par ses talents, il l'était encore par l'esprit qu'il montrait dans la conversation ; il y portait tout ce qui rend aimables les gens d'un esprit frivole, et y mêlait les traits d'un esprit supérieur. Né avec le talent de la plaisanterie, ses mots étaient souvent répétés, et c'en était assez pour qu'on donnât le nom de méchanceté à ce qui n'était que l'expression vraie de son jugement, rendue piquante par la tournure naturelle de son esprit.

À son retour d'Angleterre, il sentit que, dans les sociétés où l'amour propre et la vanité rassemblent les hommes, il trouverait peu d'amis ; et il cessa de s'y répandre, sans cependant rompre avec elles. Le goût qu'il y avait pris pour la magnificence, pour la grandeur, pour tout ce qui est brillant et recherché, était devenu une habitude ; il le conserva même dans la retraite ; ce goût embellit souvent ses ouvrages : il influa quelquefois sur ses jugements. Rendu à sa patrie, il se réduisit à ne vivre habituellement qu'avec un petit nombre d'amis. Il avait perdu M. de Génonville et M. de Maisons, dont il a pleuré la mort dans des vers si touchants[66], monuments de cette sensibilité vraie et profonde que la nature avait mise dans son cœur, que son génie répandit dans ses ouvrages, et qui fut le germe heureux de ce zèle ardent pour le bonheur des hommes, noble et dernière passion de sa vieillesse. Il lui restait M. d'Argental[67], dont la longue vie n'a été qu'un sentiment de tendresse et d'admiration pour Voltaire, et qui en fut récompensé par son amitié et sa confiance ; il lui restait MM. de Forment et de Cideville, qui étaient les confidents de ses ouvrages et de ses projets.

Mais, vers le temps de ses persécutions, une autre amitié vint lui offrir des consolations plus douces, et augmenter son amour pour la retraite. C'était celle de la marquise du Châtelet, passionnée comme lui pour l'étude et pour la gloire ; philosophe, mais de cette philosophie qui prend sa source dans une âme forte et libre, ayant approfondi la métaphysique et la géométrie assez pour analyser Leibnitz et pour traduire Newton, cultivant les arts, mais sachant les juger, et leur préférer la connaissance de la nature et des hommes ; n'aimant de l'histoire que les grands résultats qui portent la lumière sur les secrets de la nature humaine ; supérieure à tous les préjugés par la force de son caractère comme par celle de sa raison, et n'ayant pas la faiblesse de cacher combien elle les dédaignait ; se livrant aux frivolités de son sexe, de son état, et de son âge, mais les méprisant et les abandonnant sans regret pour la retraite, le travail et l'amitié ; excitant enfin par sa supériorité la jalousie des femmes, et même de la plupart des hommes avec lesquels son rang l'obligeait de vivre, et leur pardonnant sans effort. Telle était l'amie que choisit Voltaire pour passer avec lui des jours remplis par le travail, et embellis par leur amitié commune.

Fatigué de querelles littéraires, révolté de voir la ligue que la médiocrité avait formée contre lui, soutenue en secret par des hommes que leur mérite eût dû préserver de cette indigne association ; trouvant, depuis qu'il avait osé dire des vérités, autant de délateurs qu'il avait de critiques, et les voyant armer sans cesse contre lui la religion et le gouvernement, parce qu'il faisait bien des vers, il chercha dans les sciences une occupation plus tranquille.

Il voulut donner une exposition élémentaire[68] des découvertes de Newton sur le système du monde et sur la lumière, les mettre à la portée de tous ceux qui avaient une légère teinture des sciences mathématiques, et faire connaître en même temps les opinions philosophiques de Newton, et ses idées sur la chronologie ancienne.

Lorsque ces *Éléments* parurent, le cartésianisme dominait encore, même dans l'Académie des sciences de Paris. Un petit nombre de jeunes géomètres avaient eu seuls le courage de l'abandonner ; et il n'existait dans notre langue aucun ouvrage où l'on pût prendre une idée des grandes découvertes publiées en Angleterre depuis un demi-siècle.

Cependant on refusa un privilége à l'auteur. Le chancelier d'Aguesseau s'était fait cartésien dans sa jeunesse, parce que c'était alors la mode parmi ceux qui se piquaient de s'élever au-dessus des préjugés vulgaires ; et ses sentiments politiques et religieux s'unissaient contre Newton à ses opinions philosophiques. Il trouvait qu'un chancelier de France ne devait pas souffrir qu'un philosophe anglais, à peine chrétien, l'emportât sur un Français qu'on supposait orthodoxe. D'Aguesseau avait une mémoire immense ; une application continue l'avait rendu très-profond dans plusieurs genres d'érudition ; mais sa tête, fatiguée à force de recevoir et de retenir les opinions des autres, n'avait la force ni de combiner ses propres idées, ni de se former des principes fixes et précis. Sa superstition, sa timidité, son respect pour les usages anciens, son indécision, rétrécissaient ses vues pour la réforme des lois, et arrêtaient son activité. Il mourut après un long ministère, ne laissant à la France que le regret de voir ses grandes vertus demeurées inutiles, et ses rares qualités perdues pour la nation.

Sa sévérité pour les *Éléments de la Philosophie de Newton* n'est pas la seule petitesse qui ait marqué son administration de la librairie : il ne voulait point donner de priviléges pour les romans, et il ne consentit à laisser imprimer *Cleveland* qu'à condition que le héros changerait de religion. Voltaire se livrait en même temps à l'étude de la physique, interrogeait les savants dans tous les genres, répétait leurs expériences, ou en imaginait de nouvelles.

Il concourut pour le prix de l'Académie des sciences sur la nature et la propagation du feu[69], prit pour devise ce distique, qui, par sa précision et son énergie, n'est pas indigne de l'auteur de *la Henriade* :

> Ignis ubique latet, naturam amplectitur omnem,
> Cuncta parit, renovat, dividit, unit, alit[70].

Le prix fut donné à l'illustre Euler, par qui, dans la carrière des sciences, il n'était humiliant pour personne d'être vaincu. Mme du Châtelet avait concouru en même temps que son ami, et ces deux pièces obtinrent une mention très-honorable.

La dispute sur la mesure des forces occupait alors les mathématiciens. Voltaire, dans un mémoire présenté à l'Académie[71], et approuvé par elle[72], prit le parti de Descartes et de Newton contre Leibnitz et les Bernouilli, et même contre Mme du Châtelet, qui était devenue leibnitzienne.

Nous sommes loin de prétendre que ces ouvrages puissent ajouter à la gloire de Voltaire, ou même qu'ils puissent lui mériter une place parmi les savants ; mais le mérite d'avoir fait connaître aux Français qui ne sont pas géomètres, Newton, le véritable système du monde, et les principaux phénomènes de l'optique, peut être compté dans la vie d'un philosophe.

Il est utile de répandre dans les esprits des idées justes sur des objets qui semblent n'appartenir qu'aux sciences, lorsqu'il s'agit ou de faits généraux importants dans l'ordre du monde, ou de faits communs qui se présentent à tous les yeux. L'ignorance absolue est toujours accompagnée d'erreurs, et les erreurs en physique servent souvent d'appui à des préjugés d'une espèce plus dangereuse. D'ailleurs les connaissances physiques de Voltaire ont servi son talent pour la poésie. Nous ne parlons pas seulement ici des pièces où il a eu le mérite rare d'exprimer en vers des vérités précises sans les défigurer, sans cesser d'être poëte, de s'adresser à l'imagination et de flatter l'oreille ; l'étude des sciences agrandit la sphère des idées poétiques, enrichit les vers de nouvelles images ; sans cette ressource, la poésie, nécessairement resserrée dans un cercle étroit, ne serait plus que l'art de rajeunir avec adresse, et en vers harmonieux, des idées communes et des peintures épuisées.

Sur quelque genre que l'on s'exerce, celui qui a dans un autre des lumières étendues ou profondes aura toujours un avantage immense. Le génie poétique de Voltaire aurait été le même ; mais il n'aurait pas été un si grand poëte s'il n'eût point cultivé la physique, la philosophie, l'histoire. Ce n'est pas seulement en augmentant le nombre des idées que ces études étrangères sont utiles, elles perfectionnent l'esprit même, parce qu'elles en exercent d'une manière plus égale les diverses facultés.

Après avoir donné quelques années à la physique, Voltaire consulta sur ses progrès Clairaut, qui eut la franchise de lui répondre qu'avec un travail opiniâtre il ne parviendrait qu'à devenir un savant médiocre, et qu'il perdrait inutilement pour sa gloire un temps dont il devait compte à la poésie et à la philosophie. Voltaire l'entendit, et céda au goût naturel qui sans cesse le ramenait vers les lettres, et au vœu de ses amis, qui ne pouvaient le suivre dans sa nouvelle carrière. Aussi cette retraite de Cirey ne fut-elle point tout entière absorbée par les sciences.

C'est là qu'il fit *Alzire, Zulime, Mahomet* ; qu'il acheva ses *Discours sur l'Homme*[73] ; qu'il écrivit l'*Histoire de Charles XII*[74], prépara le *Siècle de Louis XIV*, et rassembla des matériaux pour son *Essai sur les Mœurs et l'Esprit des nations, depuis Charlemagne jusqu'à nos jours.*

Alzire et *Mahomet* sont des monuments immortels de la hauteur à laquelle la réunion du génie de la poésie à l'esprit philosophique peut élever l'art de la tragédie. Cet art ne se borne point dans ces pièces à effrayer par le tableau des passions, à les réveiller dans les âmes, à faire couler les douces larmes de la pitié ou de l'amour ; il y devient celui d'éclairer les hommes, et de les porter à la vertu. Ces citoyens oisifs, qui vont porter au théâtre le triste embarras de finir une inutile journée, y sont appelés à discuter les plus grands intérêts du genre humain. On voit dans *Alzire* les vertus nobles, mais sauvages et impétueuses de l'homme de la nature, combattre les vices de la société corrompue par le fanatisme et l'ambition, et céder à la vertu perfectionnée par la raison, dans l'âme d'Alvarès ou de Gusman mourant et désabusé. On y voit à la fois comment la société corrompt l'homme en mettant des préjugés à la place de l'ignorance, et comment elle le perfectionne, dès que la vérité prend celle des erreurs. Mais le plus funeste des préjugés est le fanatisme ; et Voltaire voulut immoler ce monstre sur la scène, et employer, pour l'arracher des âmes, ces effets terribles que l'art du théâtre peut seul produire.

Sans doute il était aisé de rendre un fanatique odieux ; mais que ce fanatique soit un grand homme ; qu'en l'abhorrant on ne puisse s'empêcher de l'admirer ; qu'il descende à d'indignes artifices sans être avili ; qu'occupé d'établir une religion et d'élever un empire il soit amoureux sans être ridicule ; qu'en commettant tous les crimes il ne fasse pas éprouver cette horreur pénible qu'inspirent les scélérats ; qu'il ait à la fois le ton d'un prophète et le langage d'un homme de génie ; qu'il se montre supérieur au fanatisme dont il enivre ses ignorants et intrépides disciples, sans que jamais la bassesse attaché à l'hypocrisie dégrade son caractère ; qu'enfin ses crimes soient couronnés par le succès ; qu'il triomphe, et qu'il paraisse assez puni par ses remords : voilà ce que le talent dramatique n'eût pu faire s'il n'avait été joint à un esprit supérieur.

Mahomet[75] fut d'abord joué à Lille en 1741. On remit à Voltaire, pendant la première représentation, un billet du roi de Prusse qui lui mandait la victoire de Mohvitz ; il interrompit la pièce pour le lire aux spectateurs. *Vous verrez*, dit-il à ses amis réunis autour de lui, *que cette pièce de Mohvitz fera réussir la mienne.* On osa la risquer à Paris ; mais les cris des fanatiques obtinrent de la faiblesse du cardinal de Fleury d'en faire défendre la représentation. Voltaire prit le parti d'envoyer sa pièce à Benoît XIV, avec deux vers latins[76] pour son portrait. Lambertini, pontife tolérant, prince facile, mais homme de beaucoup d'esprit, lui répondit avec bonté, et lui envoya des médailles. Crébillon fut plus scrupuleux que le pape. Il ne voulut jamais consentir à laisser jouer une pièce qui, en prouvant qu'on pouvait porter la terreur tragique à son comble, sans sacrifier l'intérêt et sans révolter par des horreurs dégoûtantes, était la satire du genre dont il avait l'orgueil de se croire le créateur et le modèle.

Ce ne fut qu'en 1751 que M. d'Alembert, nommé par M. le comte d'Argenson pour examiner *Mahomet,* eut le courage de l'approuver, et de s'exposer en même temps à la haine des gens de lettres ligués contre Voltaire, et à celle des dévots ; courage d'autant plus respectable que l'approbateur d'un ouvrage n'en partageant pas la gloire, il ne pouvait avoir aucun autre dédommagement du danger auquel il s'exposait que le plaisir d'avoir servi l'amitié, et préparé un triomphe à la raison.

Zulime[77] n'eut point de succès ; et tous les efforts de l'auteur pour la corriger et pour en pallier les défauts ont été inutiles. *Une tragédie est une expérience sur le cœur humain,* et cette expérience ne réussit pas toujours, même entre les mains les plus habiles. Mais le rôle de Zulime est le premier au théâtre où une femme passionnée, et entraînée à des actions criminelles, ait conservé la générosité et le désintéressement de l'amour. Ce caractère si vrai, si violent, et si tendre, eût peut-être mérité l'indulgence des spectateurs, et les juges du théâtre auraient pu, en faveur de la beauté neuve de ce rôle, pardonner à la faiblesse des autres, sur laquelle l'auteur s'était condamné lui-même avec tant de sévérité et de franchise.

Les *Discours sur l'Homme*[78] sont un des plus beaux monuments de la poésie française. S'ils n'offrent point un plan régulier comme les épîtres de Pope[79], ils ont l'avantage de renfermer une philosophie plus vraie, plus douce, plus usuelle. La variété des tons, une sorte d'abandon, une sensibilité touchante, un enthousiasme toujours noble, toujours vrai, leur donnent un charme que l'esprit, l'imagination, et le cœur, goûtent tour à tour : charme dont Voltaire a seul connu le secret ; et ce secret est celui de toucher, de plaire, d'instruire sans fatiguer jamais, d'écrire pour tous les esprits comme pour tous les âges. Souvent on y voit briller des éclairs d'une philosophie profonde qui, presque toujours exprimée en sentiment ou en image, paraît simple et populaire : talent aussi utile, aussi rare que celui de donner un air de profondeur à des idées fausses et triviales est commun et dangereux.

En quittant la lecture de Pope, on admire son talent, et l'adresse avec laquelle il défend son système ; mais l'âme est tranquille, et l'esprit retrouve bientôt toutes ses objections plutôt éludées que détruites. On ne peut quitter Voltaire sans être encouragé ou consolé, sans emporter, avec le sentiment douloureux des maux auxquels la nature a condamné les hommes, celui des ressources qu'elle leur a préparées.

La *Vie de Charles XII* est le premier morceau d'histoire que Voltaire ait publié[80]. Le style, aussi rapide que les exploits du héros, entraîne dans une suite non interrompue d'expéditions brillantes, d'anecdotes singulières, d'événements romanesques qui ne laissent reposer ni la curiosité ni l'intérêt. Rarement quelques réflexions viennent interrompre le récit : l'auteur s'est oublié lui-même pour faire agir ses personnages. Il semble qu'il ne fasse que raconter ce qu'il vient d'apprendre sur son héros. Il n'est question que de combats, de projets militaires ; et cependant on y aperçoit partout l'esprit d'un philosophe, et l'âme d'un défenseur de l'humanité.

Voltaire n'avait écrit que sur des mémoires originaux fournis par les témoins mêmes des événements ; et son exactitude a eu pour garant le témoignage respectable de Stanislas[81], l'ami, le compagnon, la victime de Charles XII.

Cependant on accusa cette histoire de n'être qu'un roman, parce qu'elle en avait tout l'intérêt. Si peut-être jamais aucun homme n'excita autant d'enthousiasme, jamais peut-être personne ne fut traité avec moins d'indulgence que Voltaire. Comme en France la réputation d'esprit est de toutes la plus enviée, et qu'il était impossible que la sienne en ce genre n'effaçât toutes les autres, on s'acharnait à lui contester tout le reste ; et la prétention à l'esprit étant au moins aussi inquiète dans les autres classes que dans celle des gens de lettres, il avait presque autant de jaloux que de lecteurs.

C'était en vain que Voltaire avait cru que la retraite de Cirey le déroberait à la haine : il n'avait caché que sa personne, et sa gloire importunait encore ses ennemis. Un libelle où l'on calomniait sa vie entière vint troubler son repos. On le traitait comme un prince ou comme un ministre, parce qu'il excitait autant d'envie. L'auteur de ce libelle[82] était cet abbé Desfontaines qui devait à Voltaire la liberté, et peut-être la vie. Accusé d'un vice honteux, que la superstition a mis au rang des crimes, il avait été emprisonné dans un temps où, par une atroce et ridicule politique, on croyait très à propos de brûler quelques hommes, afin d'en dégoûter un autre de ce vice[83] pour lequel on le soupçonnait faussement de montrer quelque penchant.

Voltaire, instruit du malheur de l'abbé Desfontaines, dont il ne connaissait pas la personne, et qui n'avait auprès de lui d'autre recommandation que de cultiver les lettres, courut à Fontainebleau trouver Mme de Prie, alors toute-puissante, et obtint d'elle la liberté du prisonnier[84], à condition qu'il ne se montrerait point à Paris. Ce fut encore Voltaire qui lui procura une retraite dans la terre d'une de ses amies[85]. Desfontaines y fit un libelle[86] contre son bienfaiteur. On l'obligea de le jeter au feu ; mais jamais il ne lui pardonna de lui avoir sauvé la vie. Il saisissait avidement dans les journaux toutes les occasions de le blesser ; c'était lui qui avait fait dénoncer par un prêtre[87] du séminaire *le Mondain*, badinage ingénieux où Voltaire a voulu montrer comment le luxe, en adoucissant les mœurs, en animant l'industrie, prévient une partie des maux qui naissent de l'inégalité des fortunes et de la dureté des riches.

Cette dénonciation l'exposa au danger d'une nouvelle expatriation, parce qu'au reproche de prêcher la volupté, si grave aux yeux des gens qui ont besoin de couvrir des vices plus réels du manteau de l'austérité, on joignit le reproche plus dangereux de s'être moqué des plaisirs de nos premiers pères.

Enfin le journaliste publia *la Voltairomanie*. Ce fut alors que Voltaire, qui depuis longtemps souffrait en silence les calomnies de Desfontaines et de Rousseau, s'abandonna aux mouvements d'une colère dont ces vils ennemis n'étaient pas dignes.

Non content de se venger en livrant ses adversaires au mépris public, en les marquant de ces traits que le temps n'efface point, il poursuivit Desfontaines, qui en fut quitte pour désavouer le libelle[88], et se mit à en faire d'autres pour se consoler. C'est donc à quarante-quatre ans, après vingt années de patience, que Voltaire sortit pour la première fois de cette modération dont il serait à désirer que les gens de lettres ne s'écartassent jamais. S'ils ont reçu de la nature le talent si redoutable de dévouer leurs ennemis au ridicule et à la honte, qu'ils dédaignent d'employer cette arme dangereuse à venger leurs propres querelles, et qu'ils la réservent contre les persécuteurs de la vérité et les ennemis des droits des hommes !

La liaison qui se forma, vers le même temps[89], entre Voltaire et le prince royal de Prusse, était une des premières causes des emportements où ses ennemis se livrèrent alors contre lui. Le jeune Frédéric n'avait reçu de son père que l'éducation d'un soldat ; mais la nature le destinait à être un homme d'un esprit aimable, étendu, et élevé, aussi bien qu'un grand général. Il était relégué à Remusberg par son père, qui, ayant formé le projet de lui faire couper la tête, en qualité de déserteur, parce qu'il avait voulu voyager sans sa permission, avait cédé aux représentations du ministre de l'empereur[90], et s'était contenté de le faire assister au supplice d'un de ses compagnons de voyage[91].

Dans cette retraite, Frédéric, passionné pour la langue française, pour les vers, pour la philosophie, choisit Voltaire pour son confident et pour son guide. Ils s'envoyaient réciproquement leurs ouvrages ; le prince consultait le philosophe sur ses travaux, lui demandait des conseils et des leçons. Ils discutaient ensemble les questions de la métaphysique les plus curieuses comme les plus insolubles. Le prince étudiait alors Wolf, dont il abjura bientôt les systèmes et l'inintelligible langage pour une philosophie plus simple et plus vraie. Il travaillait en même temps à réfuter Machiavel[92], c'est-à-dire à prouver que la politique la plus sûre pour un prince est de conformer sa conduite aux règles de la morale, et que son intérêt ne le rend pas nécessairement ennemi de ses peuples et de ses voisins, comme Machiavel l'avait supposé, soit par esprit de système, soit pour dégoûter ses compatriotes du gouvernement d'un seul, vers lequel la lassitude d'un gouvernement populaire, toujours orageux et souvent cruel, semblait les porter.

Dans le siècle précédent, Tycho-Brahé, Descartes, Leibnitz, avaient joui de la société des souverains, et avaient été comblés des marques de leur estime ; mais la confiance, la liberté, ne régnaient pas dans ce commerce trop inégal. Frédéric en donna le premier exemple, que malheureusement pour sa gloire il n'a pas soutenu. Le prince envoya son ami, le baron de Keyserlingk, visiter *les divinités de Cirey*, et porter à Voltaire son portrait et ses manuscrits. Le philosophe était touché, peut-être même flatté, de cet hommage ; mais il l'était encore plus de voir un prince destiné pour le trône cultiver les lettres, se montrer l'ami de la philosophie, et l'ennemi de la superstition. Il espérait que l'auteur de *l'Anti-Machiavel* serait un roi pacifique, et il s'occupait avec délices de faire imprimer secrètement le livre qu'il croyait devoir lier le prince à la vertu, par la crainte de démentir ses propres principes, et de trouver sa condamnation dans son propre ouvrage.

Frédéric, en montant sur le trône[93], ne changea point pour Voltaire. Les soins du gouvernement n'affaiblirent ni son goût pour les vers, ni son avidité pour les ouvrages conservés alors dans le portefeuille de Voltaire, et dont, avec Mme du Châtelet, il était presque le seul confident ; mais une de ses premières démarches fut de faire suspendre la publication de *l'Anti-Machiavel*. Voltaire obéit ; et ses soins, qu'il donnait à regret, furent infructueux. Il désirait encore plus que son disciple, devenu roi, prît un engagement public qui répondît de sa fidélité aux maximes philosophiques. Il alla le voir à Vesel, et fut étonné de trouver un jeune roi en uniforme, sur un lit de camp, ayant le frisson de la fièvre[94]. Cette fièvre n'empêcha point le roi de profiter du voisinage pour faire payer à l'évêque de Liège une ancienne dette oubliée. Voltaire écrivit le mémoire[95], qui fut appuyé par des soldats ; et il revint à Paris, content d'avoir vu que son héros était un homme très-aimable ; mais il résista aux offres qu'il lui fit pour l'attirer auprès de lui, et préféra l'amitié de Mme du Châtelet à la faveur d'un roi, et d'un roi qui l'admirait.

Le roi de Prusse déclara la guerre à la fille de Charles VI[96], et profita de sa faiblesse pour faire valoir d'anciennes prétentions sur la Silésie. Deux batailles lui en assurèrent la possession. Le cardinal de Fleury, qui avait entrepris la guerre malgré lui, négociait toujours en secret. L'impératrice sentit que son intérêt n'était pas de traiter avec la France, contre laquelle elle espérait des alliés utiles, qui se chargeraient des frais de la guerre, tandis que si elle n'avait plus à combattre que le roi de Prusse, elle resterait abandonnée à elle-même, et verrait les vœux et les secours secrets des mêmes puissances se tourner vers son ennemi. Elle aima mieux étouffer son ressentiment, instruire le roi de Prusse des propositions du cardinal, le déterminer à la paix par cette confidence, et acheter, par le sacrifice de la Silésie, la neutralité de l'ennemi le plus à craindre pour elle.

La guerre n'avait pas interrompu la correspondance du roi de Prusse et de Voltaire. Le roi lui envoyait des vers du milieu de son camp, en se préparant à une bataille, ou pendant le tumulte d'une victoire[97] ; et Voltaire, en louant ses exploits, en caressant sa gloire militaire, lui prêchait toujours l'humanité et la paix[98].

Le cardinal de Fleury mourut[99]. Voltaire avait été assez lié avec lui, parce qu'il était curieux de connaître les anecdotes du règne de Louis XIV, et que Fleury aimait à les conter, s'arrêtant surtout à celles qui pouvaient le regarder, et ne doutant pas que Voltaire ne s'empressât d'en remplir son histoire ; mais la haine naturelle de Fleury, et de tous les hommes faibles, pour qui s'élève au-dessus des forces communes, l'emporta sur son goût et sur sa vanité.

Fleury avait voulu empêcher les Français de parler et même de penser, pour les gouverner plus aisément. Il avait, toute sa vie, entretenu dans l'État une guerre d'opinions, par ses soins mêmes pour empêcher ces opinions de faire du bruit, et de troubler la tranquillité publique. La hardiesse de Voltaire l'effrayait. Il craignait également de compromettre son repos en le défendant, ou sa petite renommée en l'abandonnant avec trop de lâcheté ; et Voltaire trouva dans lui moins un protecteur qu'un persécuteur caché, mais contenu par son respect pour l'opinion et l'intérêt de sa propre gloire.

Voltaire fut désigné pour lui succéder dans l'Académie française. Il venait d'y acquérir de nouveaux droits qui auraient imposé silence à l'envie, si elle pouvait avoir quelque pudeur ; il venait d'enrichir la scène d'un nouveau chef-d'œuvre, de *Mérope*[100], jusqu'ici la seule tragédie où des larmes abondantes et douces ne coulent point sur les malheurs de l'amour. L'auteur de *Zaïre* avait déjà combattu cette maxime de Despréaux[101] :

> De cette passion la sensible peinture
> Est pour aller au cœur la route la plus sûre.

Il avait avancé que la nature peut produire au théâtre des effets plus pathétiques et plus déchirants ; et il le prouva dans *Mérope*.

Cependant si Despréaux entend par *sûre* la moins difficile, les faits sont en sa faveur. Plusieurs poëtes ont fait des tragédies touchantes, fondées sur l'amour ; et *Mérope* est seule jusqu'ici.

Entraîné par l'intérêt des situations, par une rapidité de dialogue inconnue au théâtre, par le talent d'une actrice[102] qui avait su prendre l'accent vrai et passionné de la nature, le parterre fut agité d'un enthousiasme sans exemple. Il força Voltaire, caché dans un coin du spectacle, à venir se montrer aux spectateurs ; il parut dans la loge de la maréchale de Villars ; on cria à la jeune duchesse de Villars d'embrasser l'auteur de *Mérope* ; elle fut obligée de céder à l'impérieuse volonté du public, ivre d'admiration et de plaisir.

C'est la première fois que le parterre ait demandé l'auteur d'une pièce. Mais ce qui fut alors un hommage rendu au génie, dégénéré depuis en usage, n'est plus qu'une cérémonie ridicule et humiliante, à laquelle les auteurs qui se respectent refusent de se soumettre.

À ce nouveau titre, que la dévotion même était obligée de respecter, se joignait l'appui de Mme de Châteauroux, alors gouvernée par le duc de Richelieu, cet homme extraordinaire qui à vingt ans avait été deux fois à la Bastille pour la témérité de ses galanteries ; qui, par l'éclat et le nombre de ses aventures, avait fait naître parmi les femmes une espèce de mode, et presque regarder comme un honneur d'être déshonorées par lui ; qui avait établi parmi ses imitateurs une sorte de galanterie où l'amour n'était plus même le goût du plaisir, mais la vanité de séduire : ce même homme qu'on vit ensuite contribuer à la gloire de Fontenoy[103], affermir la révolution de Gênes, prendre Mahon, forcer une armée anglaise à lui rendre les armes ; et lorsqu'elle eut rompu ce traité, lorsqu'elle menaçait ses quartiers dispersés et affaiblis, l'arrêter par son activité et son audace ; et qui vint ensuite reperdre dans les intrigues de la cour, et dans les manœuvres d'une administration tyrannique et corrompue, une gloire qui eut pu couvrir les premières fautes de sa vie.

Le duc de Richelieu avait été l'ami de Voltaire dès l'enfance. Voltaire, qui eut souvent à s'en plaindre, conserva pour lui ce goût de la jeunesse que le temps n'efface point, et une espèce de confiance que l'habitude soutenait plus que le sentiment ; et le maréchal de Richelieu demeura fidèle à cet ancien attachement, autant que le permit la légèreté de son caractère, ses caprices, son petit despotisme sur les théâtres, son mépris pour tout ce qui n'était pas homme de la cour, sa faiblesse pour le crédit, et son insensibilité pour ce qui était noble ou utile.

Il servit alors Voltaire auprès de Mme de Châteauroux ; mais M. de Maurepas n'aimait pas Voltaire. L'abbé de Chaulieu avait fuit une épigramme contre *Œdipe*[104], parce qu'il était blessé qu'un jeune homme, déjà son rival dans le genre des poésies fugitives, mêlées de philosophie et de volupté, joignît à cette gloire celle de réussir au théâtre ; et M. de Maurepas, qui mettait de la vanité à montrer plus d'esprit qu'un autre dans un souper, ne pardonnait pas à Voltaire de lui ôter trop évidemment cet avantage, dont il n'était pas trop ridicule alors qu'un homme en place pût être flatté.

Voltaire avait essayé de le désarmer par une épître[105], où il lui donnait les louanges auxquelles le genre d'esprit et le caractère de M. de Maurepas pouvaient prêter le plus de vraisemblance. Cette épître, qui renfermait autant de leçons que d'éloges, ne changea rien aux sentiments du ministre. Il se lia, pour empêcher Voltaire d'entrer à l'Académie, avec le théatin Boyer, que Fleury avait préféré, pour l'éducation du dauphin, à Massillon, dont il craignait les talents et la vertu, et qu'il avait ensuite désigné au roi, en mourant, pour la feuille des bénéfices, apparemment dans l'espérance de se faire regretter des jansénistes. D'ailleurs M. de Maurepas était bien aise de trouver une occasion de blesser, sans se compromettre, Mme de Châteauroux, dont il connaissait toute la haine pour lui. Voltaire, instruit de cette intrigue, alla trouver le ministre, et lui demanda si, dans le cas où

Mme de Châteauroux secondât son élection, il la traverserait : *Oui, lui répondit le ministre, et je vous écraserai*[106].

Il savait qu'un homme en place en aurait la facilité, et que, sous un gouvernement faible, le crédit d'une maîtresse doit céder à celui des prêtres intrigants ou fanatiques, plus méprisables aux yeux de la raison, mais encore respectés par la populace : il laissa triompher Boyer.

Peu de temps après, le ministre sentit combien l'alliance du roi de Prusse était nécessaire à la France ; mais ce prince craignait de s'engager de nouveau avec une puissance dont la politique incertaine et timide ne lui inspirait aucune confiance. On imagina que Voltaire pourrait le déterminer. Il fut chargé de cette négociation, mais en secret. On convint que les persécutions de Boyer seraient le prétexte de son voyage en Prusse. Il y gagna la liberté de se moquer du pauvre théatin, qui alla se plaindre au roi que Voltaire le faisait *passer pour un sot* dans les cours étrangères, et à qui le roi répondit que *c'était une chose convenue*.

Voltaire partit ; et Piron, à la tête de ses ennemis[107], l'accabla d'épigrammes et de chansons sur sa prétendue disgrâce. Ce Piron avait l'habitude d'insulter à tous les hymmes célèbres qui essuyaient des persécutions. Ses œuvres sont remplies des preuves de cette basse méchanceté. Il passait cependant pour un bon homme, parce qu'il était paresseux, et que, n'ayant aucune dignité dans le caractère, il n'offensait pas l'amour-propre des gens du monde.

Cependant, après avoir passé quelque temps avec le roi de Prusse, qui se refusait constamment à toute négociation avec la France, Voltaire eut l'adresse de saisir le véritable motif de ce refus : c'était la faiblesse qu'avait eue la France de ne pas déclarer la guerre à l'Angleterre, et de paraître, par cette conduite, demander la paix quand elle pouvait prétendre à en dicter les conditions.

Il revint alors à Paris, et rendit compte de son voyage. Le printemps suivant, le roi de Prusse déclara de nouveau la guerre à la reine de Hongrie, et par cette diversion utile força ses troupes d'évacuer l'Alsace. Ce service important, celui d'avoir pénétré, en passant à la Haye, les dispositions des Hollandais encore incertaines en apparence, n'obtint à Voltaire aucune de ces marques de considération dont il eut voulu se faire un rempart contre ses ennemis littéraires.

Le marquis d'Argenson fut appelé au ministère[108]. Il mérite d'être compté parmi le petit nombre des gens en place qui ont aimé véritablement la philosophie et le bien public. Son goût pour les lettres l'avait lié avec Voltaire. Il l'employa plus d'une fois à écrire des manifestes, des déclarations, des dépêches, qui pouvaient exiger dans le style de la correction, de la noblesse, et de la mesure.

Tel fut le manifeste[109] qui devait être publié par le Prétendant à sa descente en Écosse, avec une petite armée française que le duc de Richelieu aurait commandée. Voltaire eut alors l'occasion de travailler avec le comte de Lally, jacobite zélé, ennemi acharné des Anglais, dont il a depuis défendu la mémoire avec tant de courage, lorsqu'un arrêt injuste, exécuté avec barbarie, le sacrifia au ressentiment de quelques employés de la compagnie des Indes.

Mais il eut dans le même temps un appui plus puissant, la marquise de Pompadour, avec laquelle il avait été lié lorsqu'elle était encore Mme d'Étiole. Elle le chargea de faire une pièce pour le premier mariage du dauphin. Une charge de gentilhomme de la chambre, le titre d'historiographe de France, et enfin la protection de la cour, nécessaire pour empêcher la cabale des dévots de lui fermer l'entrée de l'Académie française, furent la récompense de cet ouvrage. C'est à cette occasion qu'il fit ces vers :

> Mon *Henri Quatre* et ma *Zaïre,*
> Et mon Américaine *Alzire,*
> Ne m'ont valu jamais un seul regard du roi ;
> J'eus beaucoup d'ennemis avec très-peu de gloire.
> Les honneurs et les biens pleuvent enfin sur moi,
> Pour une farce de la Foire.

C'était juger un peu trop sévèrement *la Princesse de Navarre*[110], ouvrage rempli d'une galanterie noble et touchante.

Cependant la faveur de la cour ne suffisait pas pour lui ouvrir les portes de l'Académie. Il fut obligé, pour désarmer les dévots, d'écrire une lettre au Père de Latour[111], où il protestait de son respect pour la religion, et, ce qui était bien plus nécessaire, de son attachement aux jésuites. Malgré l'adresse avec laquelle il ménage ses expressions dans cette lettre, il valait mieux sans doute renoncer à l'Académie que d'avoir la faiblesse de l'écrire ; et cette faiblesse serait inexcusable s'il avait fait ce sacrifice à la vanité de porter un titre qui depuis longtemps ne pouvait plus honorer le nom de Voltaire. Mais il le faisait à sa sûreté ; il croyait qu'il trouverait dans l'Académie un appui contre la persécution ; et c'était présumer trop du courage et de la justice de ses confrères.

Dans son *Discours*[112] à l'Académie, il secoua le premier le joug de l'usage qui semblait condamner ces discours à n'être qu'une suite de compliments plus encore que d'éloges. Voltaire osa parler dans le sien de littérature et de goût ; et son exemple est devenu, en quelque sorte, une loi dont les académiciens, gens de lettres, osent rarement s'écarter. Mais il n'alla point jusqu'à supprimer les éternels éloges de Richelieu, de Seguier, et de Louis XIV ; et jusqu'ici deux ou trois académiciens seulement ont eu le courage de s'en dispenser. Il parla de Crébillon, dans ce discours, avec la noble générosité d'un homme qui ne craint point d'honorer le talent dans un rival, et de donner des armes à ses propres détracteurs.

Un nouvel orage de libelles vint tomber sur lui, et il n'eut pas la force de les mépriser. La police était alors aux ordres d'un homme[113] qui avait passé quelques mois à la campagne avec Mme de Pompadour. On arrêta un malheureux violon de l'Opéra, nommé Travenol, qui, avec l'avocat Rigoley de Juvigny, colportait ces libelles. Le père de Travenol, vieillard de quatre-vingts ans, va chez Voltaire demander la grâce du coupable ; toute sa colère cède au premier cri de l'humanité. Il pleure avec le vieillard, l'embrasse, le console, et court avec lui demander la liberté de son fils[114].

La faveur de Voltaire ne fut pas de longue durée : Mme de Pompadour fit accorder à Crébillon des honneurs qu'on lui refusait[115]. Voltaire avait rendu constamment justice à l'auteur de *Rhadamiste* ; mais il ne pouvait avoir l'humilité de le croire supérieur à celui d'*Alzire,* de *Mahomet,* et de *Mérope.* Il ne vit dans cet enthousiasme exagéré pour Crébillon qu'un désir secret de l'humilier ; et il ne se trompait pas.

Le poëte, le bel esprit aurait pu conserver des amis puissants ; mais ces titres cachaient dans Voltaire un philosophe, un homme plus occupé encore des progrès de la raison que de sa gloire personnelle.

Son caractère, naturellement fier et indépendant, se prêtait à des adulations ingénieuses ; il prodiguait la louange, mais il conservait ses sentiments, ses opinions, et la liberté de les montrer. Des leçons fortes ou touchantes sortaient du sein des éloges ; et cette manière de louer, qui pouvait réussir à la cour de Frédéric, devait blesser dans toute autre.

Il retourna donc encore à Cirey, et bientôt après à la cour de Stanislas. Ce prince, deux fois élu roi de Pologne, l'une par la volonté de Charles XII, l'autre par le vœu de la nation, n'en avait jamais possédé que le titre. Retiré en Lorraine, où il n'avait encore que le nom de souverain, il réparait par ses bienfaits le mal que l'administration française faisait à cette province, où le gouvernement paternel de Léopold[116] avait réparé un siècle de dévastations et de malheurs. Sa dévotion ne lui avait ôté ni le goût des plaisirs, ni celui des gens d'esprit. Sa maison était celle d'un particulier très-riche ; son ton, celui d'un homme simple et franc qui, n'ayant jamais été malheureux que parce qu'on avait voulu qu'il fût roi, n'était pas ébloui d'un titre dont il n'avait éprouvé que les dangers. Il avait désiré d'avoir à sa cour, ou plutôt chez lui, Mme du Châtelet et Voltaire. L'auteur des *Saisons*[117], le seul poëte français qui ait réuni, comme Voltaire, l'âme et l'esprit d'un philosophe, vivait alors à Lunéville, où il n'était connu que comme un jeune militaire aimable ; mais ses premiers vers, pleins de raison, d'esprit et de goût, annonçaient déjà un homme fait pour honorer son siècle.

Voltaire menait à Lunéville une vie occupée, douce, et tranquille, lorsqu'il eut le malheur d'y perdre son amie. Mme du Châtelet mourut[118] au moment où elle venait de terminer sa traduction de Newton, dont le travail forcé abrégea ses jours. Le roi vint consoler Voltaire dans sa chambre, et pleurer avec lui. Revenu à Paris, il se livra au travail : moyen de dissiper la douleur, que la nature a donné à très-peu d'hommes. Ce pouvoir sur nos propres idées, cette force de tête que les peines de l'âme peuvent détruire, sont des dons précieux qu'il ne faut point calomnier en les confondant avec insensibilité. La sensibilité n'est point de la faiblesse ; elle consiste à sentir les peines, et non à s'en laisser accabler. On n'en a pas moins une âme sensible et tendre, la douleur n'en a pas été moins vive, parce qu'on a eu le courage de la combattre, et que des qualités extraordinaires ont donné la force de la vaincre.

Voltaire se lassait d'entendre tous les gens du monde et la plupart des gens de lettres lui préférer Crébillon, moins par sentiment que pour le punir de l'universalité de ses talents : car on est toujours plus indulgent pour les talents bornés à un seul genre, qui, paraissant une espèce d'instinct, et laissant en repos plus d'espèces d'amour-propre, humilient moins l'orgueil.

Cette opinion de la supériorité de Crébillon était soutenue avec tant de passion que depuis, dans le *Discours préliminaire de l'Encyclopédie,* M. d'Alembert eut besoin de courage pour accorder l'égalité à l'auteur d'*Alzire* et de *Mérope,* et n'osa porter plus loin la justice[119]. Enfin Voltaire voulut se venger, et forcer le public à le mettre à sa véritable place, en donnant *Sémiramis*[120]*, Oreste*[121], et *Rome sauvée*[122], trois sujets que Crébillon avait traités. Toutes les cabales animées contre Voltaire s'étaient réunies pour faire obtenir un succès éphémère au *Catilina*[123] de son rival, pièce dont la conduite est absurde et le style barbare, où Cicéron propose d'employer sa fille pour séduire Catilina, où un grand prêtre donne aux amants des rendez-vous dans un temple, y introduit une courtisane en habit d'homme, et traite ensuite le sénat d'impie, parce qu'il y discute des affaires de la république.

Rome sauvée, au contraire, est un chef-d'œuvre de style et de raison ; Cicéron s'y montre avec toute sa dignité et toute son éloquence ; César y parle, y agit comme un homme fait pour soumettre Rome, accabler ses ennemis de sa gloire, et se faire pardonner la tyrannie à force de talents et de vertus ; Catilina y est un scélérat, mais qui cherche à excuser ses vices sur l'exemple, et ses crimes sur la nécessité. L'énergie républicaine et l'âme des Romains ont passé tout entières dans le poète.

Voltaire avait un petit théâtre où il essayait ses pièces. Il y joua souvent le rôle de Cicéron. Jamais, dit-on, l'illusion ne fut plus complète ; il avait l'air de créer son rôle en le récitant ; et quand, au cinquième acte, Cicéron reparaissait au sénat, quand il s'excusait d'aimer la gloire, quand il récitait ces beaux vers :

> Romains, j'aime la gloire, et ne veux point m'en taire :
> Des travaux des humains c'est le digne salaire.
> Sénat, en vous servant il la faut acheter :
> Qui n'ose la vouloir n'ose la mériter ;

alors le personnage se confondait avec le poète. On croyait entendre Cicéron ou Voltaire avouer et excuser cette faiblesse des grandes âmes.

Il n'y avait qu'un beau rôle dans l'*Électre* de Crébillon, et c'était celui d'un personnage subalterne. Oreste, qui ne se connaît pas, est amoureux de la fille d'Égisthe, qui a le malheur de s'appeler Iphianasse. L'implacable Électre a un tendre penchant pour le fils d'Égisthe ; c'est au milieu des furies qui conduisent au parricide un fils égaré et condamné par les dieux à cette horrible vengeance que ces insipides amours remplissent la scène.

Voltaire sentit qu'il fallait rendre Clytemnestre intéressante par ses remords, la peindre plus faible que coupable, dominée par le cruel Égisthe, mais honteuse de l'avoir aimé, et sentant le poids de sa chaîne comme celui de son crime. Si l'on compare cette pièce aux autres tragédies de Voltaire, on la trouvera sans doute bien inférieure à ses chefs-d'œuvre ; mais si on le compare à Sophocle, qu'il voulait imiter, dont il voulait faire connaître aux Français le caractère et la manière de concevoir la tragédie, on verra qu'il a su en conserver les beautés, en imiter le style, en corriger les défauts, rendre Clytemnestre plus touchante, et Électre moins barbare. Aussi quand, malgré les cabales, ces beautés de tous les temps, transportées sur notre scène par un homme[124] digne de servir d'interprète au plus éloquent des poëtes grecs, forcèrent les applaudissements, Voltaire, plus occupé des intérêts du goût que de sa propre gloire, ne put s'empêcher de crier au parterre, dans un mouvement d'enthousiasme : *Courage, Athéniens ! c'est du Sophocle.*

La *Sémiramis* de Crébillon avait été oubliée dès sa naissance. Celle de Voltaire est le même sujet que quinze ans auparavant il avait traité sous le nom d'*Ériphyle*, et qu'il avait retiré du théâtre, quoique la pièce eût été fort applaudie ; il avait mieux senti aux représentations toutes les difficultés de ce sujet ; il avait vu que, pour rendre intéressante une femme qui avait fait périr son mari dans la vue de régner à sa place, il fallait que l'éclat de son règne, ses conquêtes, ses vertus, l'étendue de son empire, forçassent au respect, et s'emparassent de l'âme des spectateurs ; que la femme criminelle fût la maîtresse du monde, et eût les vertus d'un grand roi. Il sentit qu'en mettant sur le théâtre les prodiges d'une religion étrangère, il fallait, par la magnificence, le ton auguste et religieux du style, ne pas laisser à l'imagination le temps de se refroidir, montrer partout les dieux qu'on voulait faire agir, et couvrir le ridicule d'un miracle, en présentant sans cesse l'idée consolante d'un pouvoir divin exerçant sur les crimes secrets des princes une vengeance lente, mais inévitable.

L'amour, révoltant dans *Oreste*, était nécessaire dans *Sémiramis*. Il fallait que Ninias eût une amante, pour qu'il pût chérir Sémiramis, répondre à ses bontés, se sentir entraîné vers elle avant de la connaître pour sa mère, sans que l'horreur naturelle pour l'inceste se répandît sur le personnage qui doit exciter l'intérêt. Le style de *Sémiramis*, la majesté du sujet, la beauté du spectacle, le grand intérêt de quelques scènes, triomphèrent de l'envie et des cabales ;

mais on ne rendit justice que longtemps après à *Oreste* et à *Rome sauvée*.

Peut-être même n'est-on pas encore absolument juste. Et si on songe que tous les colléges, toutes les maisons où se forment les instituteurs particuliers, sont dévoués au fanatisme ; que dans presque toutes les éducations on instruit les enfants à être injustes envers Voltaire, on n'en sera pas étonné.

Il fit ces trois pièces à Sceaux, chez Mme la duchesse du Maine[125]. Cette princesse aimait le bel esprit, les arts, la galanterie ; elle donnait dans son palais une idée de ces plaisirs ingénieux et brillants qui avaient embelli la cour de Louis XIV, et ennobli ses faiblesses. Elle aimait Cicéron ; et c'était pour le venger des outrages de Crébillon qu'elle excita Voltaire à faire *Rome sauvée*. Il avait envoyé *Mahomet* au pape ; il dédia Sémiramis à un

cardinal[126]. Il se faisait un plaisir malin de montrer aux fanatiques français que des princes de l'Église savaient allier l'estime pour le talent au zèle de la religion, et ne croyaient pas servir le christianisme en traitant comme ses ennemis les hommes dont le génie exerçait sur l'opinion publique un empire redoutable.

Ce fut à cette époque qu'il consentit enfin à céder aux instances du roi de Prusse, et qu'il accepta le titre de chambellan, la grande croix de l'ordre du Mérite, et une pension de vingt mille livres. Il se voyait, dans sa patrie, l'objet de l'envie et de la haine des gens de lettres, sans leur avoir jamais disputé ni places ni pension, sans les avoir humiliés par des critiques, sans s'être jamais mêlé d'aucune intrigue littéraire ; après avoir obligé tous ceux qui avaient eu besoin de lui, cherché à se concilier les autres par des éloges, et saisi toutes les occasions de gagner l'amitié de ceux que l'amour-propre avait rendus injustes.

Les dévots, qui se souvenaient des *Lettres philosophiques* et de *Mahomet*, en attendant les occasions de le persécuter, cherchaient à décrier ses ouvrages et sa personne, employaient contre lui leur ascendant sur la première jeunesse, et celui que, comme directeurs, ils conservaient encore dans les familles bourgeoises et chez les dévotes de la cour. Un silence absolu pouvait seul le mettre à l'abri de la persécution ; il n'aurait pu faire paraître aucun ouvrage sans être sûr que la malignité y chercherait un prétexte pour l'accuser d'impiété, ou le rendre odieux au gouvernement. Mme de Pompadour avait oublié leur ancienne liaison dans une place où elle ne voulait plus que des esclaves. Elle ne lui pardonnait point de n'avoir pas souffert avec assez de patience les préférences accordées à Crébillon. Louis XV avait pour Voltaire une sorte d'éloignement. Il avait flatté ce prince plus qu'il ne convenait à sa propre gloire ; mais l'habitude rend les rois presque insensibles à la flatterie publique. La seule qui les séduise est la flatterie adroite des courtisans, qui, s'exerçant sur les petites choses, se répète tous les jours, et sait choisir ses moments ; qui consiste moins dans des louanges directes que dans une adroite approbation des passions, des goûts, des actions, des discours du prince. Un demi-mot, un signe, une maxime générale qui les rassure sur leurs faiblesses ou sur leurs fautes, font plus d'effet que les vers les plus dignes de la postérité. Les louanges des hommes de génie ne touchent que les rois qui aiment véritablement la gloire.

On prétend que Voltaire s'étant approché de Louis XV après la représentation du *Temple de la Gloire,* où Trajan, donnant la paix au monde après ses victoires, reçoit la couronne refusée aux conquérants, et réservée à un héros ami de l'humanité, et lui ayant dit : *Trajan est-il content ?* le roi fut moins flatté du parallèle que blessé de la familiarité.

M. d'Argenson n'avait pas voulu prêter à Voltaire son appui pour lui obtenir un titre d'associé libre dans l'Académie des sciences, et pour entrer dans celle des belles-lettres, places qu'il ambitionnait alors comme un asile contre l'armée des critiques hebdomadaires que la police oblige à respecter les corps littéraires, excepté lorsque des corps ou des particuliers plus puissants croient avoir intérêt de les avilir, en les abandonnant aux traits de ces méprisables ennemis.

Voltaire alla donc à Berlin[127] ; et le même prince qui le dédaignait, la même cour où il n'essuyait plus que des désagréments, furent offensés de ce départ. On ne vit plus que la perte d'un homme qui honorait la France, et la honte de l'avoir forcé à chercher ailleurs un asile. Il trouva dans le palais du roi de Prusse la paix et presque la liberté, sans aucun autre assujettissement que celui de passer quelques heures avec le roi pour corriger ses ouvrages, et lui apprendre les secrets de l'art d'écrire. Il soupait presque tous les jours avec lui.

Ces soupers, où la liberté était extrême, où l'on traitait avec une franchise entière toutes les questions de la métaphysique et de la morale, où la plaisanterie la plus libre égayait ou tranchait les discussions les plus sérieuses, où le roi disparaissait presque toujours pour ne laisser voir que l'homme d'esprit, n'étaient pour Voltaire qu'un délassement agréable. Le reste du temps était consacré librement à l'étude.

Il perfectionnait quelques-unes de ses tragédies, achevait le *Siècle de Louis XIV*[128], corrigeait la Pucelle, travaillait à son *Essai sur les Mœurs et l'Esprit des nations,* et faisait le *Poëme de la Loi naturelle,* tandis que Frédéric gouvernait ses États sans ministre, inspectait et perfectionnait son armée, faisait des vers, composait de la musique, écrivait sur la philosophie et sur l'histoire. La famille royale protégeait les goûts de Voltaire ; il adressait des vers aux princesses, jouait la tragédie avec les frères et les sœurs du roi ; et, en leur donnant des leçons de déclamation, il leur apprenait à mieux sentir les beautés de notre poésie : car les vers doivent être déclamés, et on ne peut connaître la poésie d'une langue étrangère si on n'a point l'habitude d'entendre réciter les vers par des hommes qui sachent leur donner l'accent et le mouvement qu'ils doivent avoir.

Voilà ce que Voltaire appelait le palais d'Alcine ; mais l'enchantement fut trop tôt dissipé. Les gens de lettres appelés plus anciennement que lui à Berlin furent jaloux d'une préférence trop marquée, et surtout de cette espèce d'indépendance qu'il avait conservée, de cette familiarité qu'il devait aux grâces piquantes de son esprit, et à cet art de mêler la vérité à la louange, et de donner à la flatterie le ton de la galanterie et du badinage.

La Mettrie dit à Voltaire que le roi, auquel il parlait un jour de toutes les marques de bonté dont il accablait son chambellan, lui avait répondu : « J'en ai encore besoin pour revoir mes ouvrages. On suce l'orange et on jette l'écorce. » Ce mot désenchanta Voltaire, et lui jeta dans l'âme une défiance qui ne lui permit plus de perdre de vue le projet de s'échapper. En même temps on dit au roi que Voltaire avait répondu un jour au général Manslein, qui le pressait de revoir ses Mémoires : « Le roi m'envoie son linge sale à blanchir ; il faut que le vôtre attende » ; qu'une autre fois, en montrant sur la table un paquet de vers du roi, il avait dit, dans un mouvement d'humeur : « Cet homme-là, c'est César et l'abbé Cotin. »

Cependant un penchant naturel rapprochait le monarque et le philosophe. Frédéric disait, longtemps après leur séparation, que jamais il n'avait vu d'homme aussi aimable que Voltaire ; et Voltaire, malgré un ressentiment qui jamais ne s'éteignit absolument, avouait que, quand Frédéric le voulait, il était le plus aimable des hommes. Ils étaient encore rapprochés par un mépris ouvert pour les préjugés et les superstitions, par le plaisir qu'ils prenaient à en faire l'objet éternel de leurs plaisanteries, par un goût commun pour une philosophie gaie et piquante, par une égale disposition à chercher, à saisir, dans les objets graves, le côté qui prête au ridicule. Il paraissait que le calme devait succéder à de petits orages, et que l'intérêt commun de leur plaisir devait toujours finir par les rapprocher. La jalousie de Maupertuis parvint à les désunir sans retour.

Maupertuis, homme de beaucoup d'esprit, savant médiocre, et philosophe plus médiocre encore, était tourmenté de ce désir de la célébrité qui fait choisir les petits moyens lorsque les grands nous manquent, dire des choses bizarres quand on n'en trouve point de piquantes qui soient vraies, généraliser des formules si l'on ne peut en inventer, et entasser des paradoxes quand on n'a point d'idées neuves. On l'avait vu à Paris sortir de la chambre ou se cacher derrière un paravant, quand un autre occupait la société plus que lui ; et à Berlin, comme à Paris, il eût voulu être partout le premier, à l'Académie des sciences comme au souper du roi. Il devait à Voltaire une grande partie de sa réputation, et l'honneur d'être le président perpétuel de l'Académie de Berlin, et d'y exercer la prépondérance sous le nom du prince.

Mais quelques plaisanteries échappées à Voltaire sur ce que Maupertuis, ayant voulu suivre le roi de Prusse à l'armée, avait été pris à Molwitz, l'aigrirent contre lui ; et il se plaignait avec humeur. Voltaire lui répondit avec amitié, et l'apaisa en faisant quatre vers[129] pour son portrait. Quelques années après, Maupertuis trouva très-mauvais que Voltaire n'eût point parlé de lui dans son discours de réception à l'Académie française[130] ; mais l'arrivée de

Voltaire à Berlin acheva de l'aigrir. Il le voyait l'ami du souverain dont il n'était parvenu qu'à devenir un des courtisans, et donner des leçons à celui dont il recevait des ordres.

Voltaire, entouré d'ennemis, se défiant de la constance des sentiments du roi, regrettait en secret son indépendance, et cherchait à la recouvrer. Il imagine de se servir d'un juif pour faire sortir du Brandebourg une partie de ses fonds. Ce juif trahit sa confiance, et, pour se venger de ce que Voltaire s'en est aperçu à temps, et n'a pas voulu se laisser voler, il lui fait un procès absurde, sachant que la haine n'est pas difficile en preuves. Le roi, pour punir *son ami* d'avoir voulu conserver son bien et sa liberté, fait semblant de le croire coupable, a l'air de l'abandonner, et l'exclut même de sa présence jusqu'à la fin du procès. Voltaire s'adresse à Maupertuis, dont la haine ne s'était pas encore manifestée, et le prie de prendre sa défense auprès du chef de ses juges. Maupertuis le refuse avec hauteur. Voltaire s'aperçoit qu'il a un ennemi de plus. Enfin ce ridicule procès[131] eut l'issue qu'il devait avoir : le juif fut condamné, et Voltaire lui fit grâce. Alors le roi le rappelle auprès de lui, et ajoute à ses anciennes bontés de nouvelles marques de considération, telle que la jouissance d'un petit château près de Potsdam.

Cependant la haine veillait toujours, et attendait ses moments. La Beaumelle, né en Languedoc d'une famille protestante, d'abord apprenti ministre à Genève, puis bel esprit français en Danemark, renvoyé bientôt de Copenhague, vint chercher fortune à Berlin, n'ayant pour titre de gloire qu'un libelle[132] qu'il venait de publier. Il va chez Voltaire, lui présente son livre, où Voltaire lui-même est maltraité, où La Beaumelle compare aux singes, aux nains qu'on avait autrefois dans certaines cours, les beaux esprits appelés à celle de Prusse, parmi lesquels il venait lui-même solliciter une place. Cette ridicule étourderie fut un moment l'objet des plaisanteries du souper du roi. Maupertuis rapporta ces plaisanteries à La Beaumelle, en chargea Voltaire seul, lui fit un ennemi irréconciliable, et s'assura d'un instrument qui servirait sa haine par de honteux libelles, sans que sa dignité de président d'académie en fût compromise.

Maupertuis avait besoin de secours ; il venait d'avancer un nouveau principe de mécanique, celui de *la moindre action*. Ce principe, à qui l'illustre Euler faisait l'honneur de le défendre, en même temps qu'il en apprenait à l'auteur même toute l'étendue et le véritable usage, essuya beaucoup de contradictions. Koënig non seulement le combattit, mais il prétendit de plus qu'il n'était pas nouveau, et cita un fragment d'une lettre de Leibnitz, où ce principe se trouvait indiqué. Maupertuis, instruit par Koënig même qu'il n'a qu'une copie de la lettre de Leibnitz, imagine de le faire sommer juridiquement, par l'Académie de Berlin, de produire l'original. Koënig mande qu'il tient sa copie du malheureux Hienzi[133], décapité longtemps auparavant pour avoir voulu délivrer les habitants du canton de Berne de la tyrannie du sénat. La lettre ne se trouva plus dans ce qui pouvait rester de ses papiers, et l'Académie, moitié crainte, moitié bassesse, déclara Koënig indigne du titre d'académicien, et le fit rayer de la liste. Maupertuis ignorait apparemment que l'opinion générale des savants peut seule donner ou enlever les découvertes ; mais qu'il faut qu'elle soit libre et volontairement énoncée ; et qu'une forme solennelle, en la rendant suspecte, peut lui ôter son autorité et sa force.

Voltaire avait connu Koënig chez Mme du Châtelet, à laquelle il était venu donner des leçons de leibnitianisme ; il avait conservé de l'amitié pour lui, quoiqu'il se fût permis quelquefois de le plaisanter pendant son séjour en France. Il n'aimait pas Maupertuis, et haïssait la persécution, sous quelque forme qu'elle tourmentât les hommes : il prit donc ouvertement le parti de Koënig, et publia quelques ouvrages où la raison et la justice étaient assaisonnées d'une plaisanterie fine et piquante. Maupertuis intéressa l'amour propre du roi à l'honneur de son académie, et obtint de lui d'exiger de Voltaire la promesse de ne plus se moquer ni d'elle ni de son président. Voltaire le promit. Malheureusement le roi, qui avait ordonné le silence, se crut dispensé de le garder. Il écrivit des plaisanteries qui se partageaient, mais avec un peu d'inégalité, entre Maupertuis et Voltaire. Celui-ci crut que, par cette conduite, le roi lui rendait sa parole, et que le privilége de se moquer seul des deux partis ne pouvait être compris dans la prérogative royale. Il profita donc d'une permission générale, anciennement obtenue, pour faire imprimer la *Diatribe d'Akakia*[134], et dévouer Maupertuis à un ridicule éternel.

Le roi rit ; il aimait peu Maupertuis, et ne pouvait l'estimer ; mais jaloux de son autorité, il fit brûler cette plaisanterie par le bourreau[135] : manière de se venger qu'il est assez singulier qu'un roi philosophe ait empruntée de l'Inquisition.

Voltaire, outragé, lui renvoya sa croix, sa clef, et le brevet de sa pension, avec ces quatre vers :

> Je les reçus avec tendresse,
> Je les renvoie avec douleur,
> Comme un amant jaloux, dans sa mauvaise humeur,
> Rend le portrait de sa maîtresse.

Il ne soupirait qu'après la liberté ; mais, pour l'obtenir, il ne suffisait pas qu'il eût renvoyé ce qu'il avait d'abord appelé *de magnifiques bagatelles,* mais qu'il ne nommait plus que *les marques de sa servitude.* Il écrivait de Berlin, où il était malade, pour demander une permission de partir. Le roi de Prusse, qui ne voulait que l'humilier et le conserver, lui envoyait du quinquina[136], mais point de permission. Il écrivait qu'il avait besoin des eaux de Plombières ; on lui répondit qu'il y en avait d'aussi bonnes en Silésie.

Enfin Voltaire prend le parti de demander à voir le roi : il se flatte que sa vue réveillera des sentiments qui étaient plutôt révoltés qu'éteins. On lui renvoie ses anciennes breloques. Il court à Potsdam, voit le roi ; quelques instants suffisent pour tout changer. La familiarité renaît, la gaieté reparaît, même aux dépens de Maupertuis, et Voltaire obtient la permission d'aller à Plombières, mais en promettant de revenir : promesse peut-être peu sincère, mais aussi obligeait-elle moins qu'une parole donnée entre égaux ; et les cent cinquante mille hommes qui gardaient les frontières de la Prusse ne permettaient pas de la regarder comme faite avec une entière liberté.

Voltaire se hâta de se rendre à Leipsick, où il s'arrêta pour réparer ses forces, épuisées par cette longue persécution. Maupertuis lui envoie un cartel ridicule[137], qui n'a d'autre effet que d'ouvrir une nouvelle source à ses intarissables plaisanteries. De Leipsick il va chez la duchesse de Saxe-Gotha, princesse supérieure aux préjugés, qui cultivait les lettres, et aimait la philosophie. Il y commença pour elle ses *Annales de l'Empire.*

De Gotha il part pour Plombières, et prend la route de Francfort. Maupertuis voulait une vengeance ; son cartel n'avait pas réussi, les libelles de La Beaumelle ne lui suffisaient pas. Ce malheureux second avait été forcé de quitter Berlin après une aventure ridicule, et quelques semaines de prison ; il s'était enfui de Gotha avec une femme de chambre qui vola sa maîtresse en partant ; ses libelles l'avaient fait chasser de Francfort, et, à peine arrivé à Paris, il s'était fait mettre à la Bastille. Il fallut donc que le président de l'Académie de Berlin cherchât un autre vengeur. Il excita l'humeur du roi de Prusse. La lenteur du voyage de Voltaire, son séjour à Gotha, un placement considérable sur sa tête et celle de Mme Denis sa nièce fait sur le duc de Wurtemberg, tout annonçait la volonté de quitter pour jamais la Prusse ; et Voltaire avait emporté avec lui le recueil des œuvres poétiques du roi, alors connu seulement des beaux esprits de sa cour.

On fit craindre à Frédéric une vengeance qui pouvait être terrible, même pour un poëte couronné ; au moins il était possible que Voltaire se crût en droit de reprendre les vers qu'il avait donnés, ou d'avertir de ceux qu'il avait corrigés. Le roi donna ordre à un fripon breveté qu'il entretenait à Francfort pour y acheter ou y voler des hommes, d'arrêter Voltaire, et de ne le relâcher que lorsqu'il aurait rendu sa croix, sa clef, le brevet de pension, et les vers que Freytag appelait l'*Œuvre de poëshies du roi son maître.* Malheureusement ces volumes étaient restés à Leipsick. Voltaire fut étroitement gardé pendant trois semaines ; Mme Denis, sa nièce, qui était venue au-devant de lui, fut traitée avec la même rigueur. Des gardes veillaient à leur porte. Un satellite de Freytag restait dans la chambre de chacun d'eux, et ne les perdait pas de vue, tant on craignait que l'*œuvre de poëshies* ne pût s'échapper. Enfin on remit entre les mains de Freytag ce précieux dépôt ; et Voltaire fut libre, après avoir été cependant forcé de donner de l'argent à quelques aventuriers qui profitèrent de l'occasion pour lui faire de petits procès. Échappé de Francfort, il vint à Colmar[138].

Le roi de Prusse, honteux de sa ridicule colère, désavoua Freytag ; mais il eut assez de morale pour ne pas le punir d'avoir obéi. Il est étrange qu'une ville qui se dit libre laisse une puissance étrangère exercer de telles vexations au milieu de ses murs ; mais la liberté et l'indépendance ne sont jamais pour le faible qu'un vain nom. Frédéric, dans le temps de sa passion pour Voltaire, lui baisait souvent les mains dans le transport de son enthousiasme ; et Voltaire, comparant, après sa sortie de Francfort, ces deux époques de sa vie, répétait à ses amis : « Il a cent fois baisé cette main qu'il vient d'enchaîner. »

Il n'avait publié à Berlin que le *Siècle de Louis XIV,* la seule histoire de ce règne que l'on puisse lire. C'est sur le témoignage des anciens courtisans de Louis XIV, ou de ceux qui avaient vécu dans leur société, qu'il raconte un petit nombre d'anecdotes choisies avec discernement parmi celles qui peignent l'esprit et le caractère des personnages et du siècle même. Les événements politiques ou militaires y sont racontés avec intérêt et avec rapidité : tout y est peint à grands traits. Dans des chapitres particuliers, il rapporte ce que Louis XIV a fait pour la réforme des lois ou des finances, pour l'encouragement du commerce et de l'industrie ; et on doit lui pardonner d'en avoir parlé suivant l'opinion des hommes les plus éclairés du temps où il écrivait, et non d'après des lumières qui n'existaient pas encore.

Ses chapitres sur le calvinisme, le jansénisme, le quiétisme, la dispute sur les cérémonies chinoises, sont les premiers modèles de la manière dont un ami prudent de la vérité doit parler de ces honteuses maladies de l'humanité, lorsque le nombre et le pouvoir de ceux qui en sont encore attaqués obligent de soulever avec adresse le voile qui en cache la turpitude. On peut lui reprocher seulement une sévérité trop grande contre les calvinistes, qui ne se rendirent coupables que lorsqu'on les força de le devenir, et dont les crimes ne furent en quelque sorte que les représailles des assassinats juridiques exercés contre eux dans quelques provinces.

Les découvertes dans les sciences, les progrès des arts, sont exposés avec clarté, avec exactitude, avec impartialité, et les jugements toujours dictés par une raison saine et libre, par une philosophie indulgente et douce.

La liste des écrivains du siècle de Louis XIV est un ouvrage neuf. On n'avait pas encore imaginé de peindre ainsi par un trait, par quelques lignes, des philosophes, des savants, des littérateurs, des poëtes, sans sécheresse comme sans prétention, avec un goût sûr et une précision presque toujours piquante.

Cet ouvrage apprit aux étrangers à connaître Louis XIV, défiguré chez eux dans une foule de libelles, et à respecter une nation qu'ils n'avaient vue jusque-là qu'au travers des préventions de la jalousie et de la haine. On fut moins indulgent en France. Les esclaves, par état et par caractère, furent indignés qu'un Français eût osé trouver des faiblesses dans Louis XIV. Les gens à préjugés furent scandalisés qu'il eût parlé avec liberté des fautes des généraux et des défauts des grands écrivains ; d'autres lui reprochaient, avec plus de justice à quelques égards, trop d'indulgence ou d'enthousiasme. Mais l'histoire d'un pays n'est jamais jugée avec impartialité que par les étrangers ;

une foule d'intérêts, de préventions, de préjugés, corrompt toujours le jugement des compatriotes.

Voltaire passa près de deux années en Alsace. C'est pendant ce séjour qu'il publia les *Annales de l'Empire,* le seul des abrégés chronologiques qu'on puisse lire de suite, parce qu'il est écrit d'un style rapide, et rempli de résultats philosophiques exprimés avec énergie. Ainsi Voltaire a été encore un modèle dans ce genre, dont son amitié pour le président Hénault lui a fait exagérer le mérite et l'utilité.

Il avait d'abord songé à s'établir en Alsace ; mais malheureusement les jésuites essayèrent de le convertir, et, n'ayant pu y réussir, répandirent contre lui ces calomnies sourdes qui annoncent et préparent la persécution. Voltaire fit une tentative pour obtenir, non la permission de revenir à Paris (il en eut toujours la liberté), mais l'assurance qu'il n'y serait pas désagréable à la cour. Il connaissait trop la France pour ne pas sentir qu'odieux à tous les corps puissants par son amour pour la vérité, il deviendrait bientôt l'objet de leur persécution, si on pouvait être sûr que Versailles le laisserait opprimer.

La réponse ne fut pas rassurante. Voltaire se trouva sans asile dans sa patrie, dont son nom soutenait l'honneur, alors avili dans l'Europe par les ridicules querelles des billets de confession, et au moment même où il venait d'élever, dans son *Siècle de Louis XIV,* un monument à sa gloire. Il se détermina à aller prendre les eaux d'Aix en Savoie. À son passage par Lyon, le cardinal de Tencin, si fameux par la conversion de Lass et le concile d'Embrun, lui fit dire qu'il ne pouvait lui donner à dîner, parce qu'il était mal avec la cour ; mais les habitants de cette ville opulente, où l'esprit du commerce n'a point étouffé le goût des lettres, le dédommagèrent de l'impolitesse politique de leur archevêque. Alors, pour la première fois, il reçut les honneurs que l'enthousiasme public rend au génie. Ses pièces furent jouées devant lui, au bruit des acclamations d'un peuple enivré de la joie de posséder celui à qui il devait de si nobles plaisirs ; mais il n'osa se fixer à Lyon. La conduite du cardinal l'avertissait qu'il n'était pas assez loin de ses ennemis.

Il passa par Genève pour consulter Tronchin. La beauté du pays, l'égalité qui paraissait y régner, l'avantage d'êire hors de la France, dans une ville où l'on ne parlait que français ; la liberté de penser, plus étendue que dans un pays monarchique et catholique ; celle d'imprimer, fondée à la vérité moins sur les lois que sur les intérêts du commerce : tout le déterminait à y choisir sa retraite.

Mais il vit bientôt qu'une ville où l'esprit de rigorisme et de pédantisme, apporté par Calvin, avait jeté des racines profondes ; où la vanité d'imiter les républiques anciennes, et la jalousie des pauvres contre les riches, avaient établi des lois somptuaires ; où les spectacles révoltaient à la fois le fanatisme calviniste et l'austérité républicaine, n'était pour lui un séjour ni agréable ni sûr ; il voulut avoir contre la persécution des catholiques un asile sur les terres de Genève, et une retraite en France contre l'humeur des réformés, et prit le parti d'habiter alternativement d'abord

Tournay[139], puis Ferney en France, et les Délices, aux portes de Genève. C'est là qu'il fixa enfin sa demeure avec Mme Denis sa nièce, alors veuve et sans enfants, libre de se livrer à son amitié pour son oncle, et de reconnaître le soin paternel qu'il avait pris d'augmenter son aisance. Elle se chargea d'assurer sa tranquillité et son indépendance domestique, de lui épargner les soins fatigants du détail d'une maison. C'était tout ce qu'il était obligé de devoir à autrui. Le travail était pour lui une source inépuisable de jouissances ; et, pour que tous ses moments fussent heureux, il suffisait qu'ils fussent libres.

Jusqu'ici nous avons décrit la vie orageuse d'un poëte philosophe, à qui son amour pour la vérité et l'indépendance de son caractère avaient fait encore plus d'ennemis que ses succès ; qui n'avait répondu à leurs méchancetés que par des épigrammes ou plaisantes ou terribles, et dont la conduite avait été plus souvent inspirée par le sentiment qui le dominait dans chaque circonstance, que combinée d'après un plan formé par sa raison.

Maintenant dans la retraite, éloigné de toutes les illusions, de tout ce qui pouvait élever en lui des passions personnelles et passagères, nous allons le voir abandonné à ses passions dominantes et durables, l'amour de la gloire, le besoin de produire, plus puissant encore, et le zèle pour la destruction des préjugés, la plus forte et la plus active de toutes celles qu'il a connues. Cette vie paisible, rarement troublée par des menaces de persécution plutôt que par des persécutions réelles, sera embellie, non seulement comme ses premières années, par l'exercice de cette bienfaisance particulière, qualité commune à tous les hommes dont le malheur ou la vanité n'ont point endurci l'âme et corrompu la raison, mais par des actions de cette bienfaisance courageuse et éclairée qui, en adoucissant les maux de quelques individus, sert en même temps l'humanité entière.

C'est ainsi qu'indigné de voir un ministère corrompu poursuivre la mort du malheureux Byng, pour couvrir ses propres fautes, et flatter l'orgueil de la populace anglaise, il employa, pour sauver cette innocente victime du machiavélisme de Pitt, tous les moyens que le génie de la pitié put lui inspirer, et seul éleva sa voix contre l'injustice, tandis que l'Europe étonnée contemplait en silence cet exemple d'atrocité antique que l'Angleterre osait donner dans un siècle d'humanité et de lumières.

Le premier ouvrage qui sortit de sa retraite fut la tragédie de *l'Orphelin de la Chine*[140], composée pendant son séjour en Alsace, lorsque, espérant pouvoir vivre à Paris, il voulait qu'un succès au théâtre rassurât ses amis, et forçât ses ennemis au silence.

Dans les commencements de l'art tragique, les petites étaient assurés de frapper les esprits en donnant à leurs personnages des sentiments contraires à ceux de la nature, en sacrifiant ces sentiments que chaque homme porte au fond du cœur, aux passions plus rares de la gloire, du patriotisme exagéré, du dévouement à ses princes.

Comme alors la raison est encore moins formée que le goût, l'opinion commune seconde ceux qui emploient ces mojens, ou est entraînée par eux. Léontine[141] dut inspirer de l'admiration, et la hauteur de son caractère lui faire pardonner le sacrifice de son fils, par un parterre idolâtre de son prince. Mais quand ces moyens de produire des effets, en s'écartant de la nature, commencent à s'épuiser ; quand l'art se perfectionne, alors il est forcé de se rapprocher de la raison, et de ne plus chercher de ressources que dans la nature même. Cependant telle est la force de l'habitude que le sacrifice de Zunti, fondé à la vérité sur des motifs plus nobles, plus puissants que celui de Léontine, expié par ses larmes, par ses regrets, avait séduit les spectateurs. À la première représentation de l'*Orphelin*, ces vers d'Idamé[142], si vrais, si philosophiques,

> La nature et l'hymen, voilà les lois premières,
> Les devoirs, les liens des nations entières :
> Ces lois viennent des dieux, le reste est des humains,

n'excitèrent d'abord que l'étonnement ; les spectateurs balancèrent, et le cri de la nature eut besoin de la réflexion pour se faire entendre. C'est ainsi qu'un grand poëte peut quelquefois décider les esprits flottants entre d'anciennes erreurs et les vérités qui, pour en prendre la place, attendent qu'un dernier coup achève de renverser la barrière chancelante que le préjugé leur oppose. Les hommes n'osent souvent s'avouer à eux-mêmes les progrès lents que la raison a faits dans leur esprit, mais ils sont prêts à la suivre si, en la leur présentant d'une manière vive et frappante, on les force à la reconnaître. Aussi ces mêmes vers n'ont plus été entendus qu'avec transport, et Voltaire eut le plaisir d'avoir vengé la nature.

Cette pièce est le triomphe de la vertu sur la force, et des lois sur les armes. Jusqu'alors, excepté dans *Mahomet*, on n'avait pu réussir à rendre amoureux, sans l'avilir, un de ces hommes dont le nom impose à l'imagination, et présente l'idée d'une force d'âme extraordinaire. Voltaire vainquit pour la seconde fois cette difficulté. L'amour de Gengiskan intéresse malgré la violence et la férocité de son caractère, parce que cet amour est vrai, passionné ; parce qu'il lui arrache l'aveu du vide que son cœur éprouve au milieu de sa puissance ; parce qu'il finit par sacrifier cet amour à sa gloire, et sa fureur des conquêtes au charme, nouveau pour lui, des vertus pacifiques.

Le repos de Voltaire fut bientôt troublé par la publication de *la Pucelle*.

Ce poëme, qui réunit la licence et la philosophie, où la vérité prend le masque d'une gaieté satirique et voluptueuse, commencé vers 1730, n'avait jamais été achevé. L'auteur en avait confié les premiers essais à un petit nombre de ses amis et à quelques princes. Le seul bruit de son existence lui avait attiré des menaces, et il avait pris, en ne l'achevant pas, le moyen le plus sûr d'éviter la tentation dangereuse de le rendre public. Malheureusement on laissa multiplier les copies ; une d'elles tomba entre des mains avides et ennemies, et l'ouvrage parut, non-seulement avec les défauts que l'auteur y avait laissés, mais avec des vers ajoutés par les éditeurs, et remplis de grossièreté, de mauvais goût, de traits satiriques qui pouvaient compromettre la sûreté de Voltaire. L'amour du gain, le plaisir de faire attribuer leurs mauvais vers à un grand poëte, le plaisir plus méchant de l'exposer à la persécution, furent les motifs de cette infidélité dont La Beaumelle et l'ex-capucin Maubert ont partagé l'honneur[143].

Ils ne réussirent qu'à troubler un moment le repos de celui qu'ils voulaient perdre. Ses amis détournèrent la persécution, en prouvant que l'ouvrage était falsifié ; et la haine des éditeurs le servit malgré eux.

Mais cette infidélité l'obligea d'achever *la Pucelle,* et de donner au public[144] un poëme dont l'auteur de *Mahomet* et du *Siècle de Louis XIV* n'eut plus à rougir. Cet ouvrage excita un enthousiasme très-vif dans une classe nombreuse de lecteurs, tandis que les ennemis de Voltaire affectèrent de le décrier comme indigne d'un philosophe, et presque comme une tache pour les œuvres et même pour la vie du poëte.

Mais si l'on peut regarder comme utile le projet de rendre la superstition ridicule aux yeux des hommes livrés à la volupté, et destinés, par la faiblesse même qui les entraîne au plaisir, à devenir un jour les victimes infortunées ou les instruments dangereux de ce vil tyran de l'humanité ; si l'affectation de l'austérité dans les mœurs, si le prix excessif attaché à leur pureté ne fait que servir les hypocrites, qui, en prenant le masque facile de la chasteté, peuvent se dispenser de toutes les vertus, et couvrir d'un voile sacré les vices les plus funestes à la société, la dureté de cœur, et l'intolérance ; si, en accoutumant les hommes à regarder comme autant de crimes des fautes dont ceux qui ont de l'honneur et de la conscience ne sont pas exempts, on étend sur les âmes même les plus pures le pouvoir de cette caste dangereuse qui, pour gouverner et troubler la terre, s'est rendue exclusivement l'interprète de la justice céleste : alors on ne verra dans l'auteur de *la Pucelle* que l'ennemi de l'hypocrisie et de la superstition.

    Voltaire lui-même, en parlant de La Fontaine, a remarqué[145] avec raison que des ouvrages où la volupté est mêlée à la plaisanterie amusent l'imagination sans l'échauffer et sans la séduire ; et si des images voluptueuses et gaies sont pour l'imagination une source de plaisirs qui allègent le poids de l'ennui, diminuent le malheur des privations, délassent un esprit fatigué par le travail, remplissent des moments que l'âme abattue ou épuisée ne peut donner ni à l'action ni à une méditation utile, pourquoi priver les hommes d'une ressource que leur offre la nature ? Quel effet résultera-t-il de ces lectures ? aucun, sinon de disposer les hommes à plus de douceur et d'indulgence. Ce n'étaient point de pareils livres que lisaient Gérard ou Clément, et que les satellites de Cromwell portaient à l'arçon de leur selle.

    Deux ouvrages bien différents parurent à la même époque, le poëme sur *la Loi naturelle,* et celui de la

Destruction de Lisbonne. Exposer la morale dont la raison révèle les principes à tous les hommes, dont ils trouvent la sanction au fond de leur cœur, et à laquelle le remords les avertit d'obéir ; montrer que cette loi générale est la seule qu'un Dieu, père commun des hommes, ait pu leur donner, puisqu'elle est la seule qui soit la même pour tous ; prouver que le devoir des particuliers est de se pardonner réciproquement leurs erreurs, et celui des souverains d'empêcher, par une sage indifférence, ces vaines opinions, appuyées par le fanatisme et par l'hypocrisie, de troubler la paix de leurs peuples : tel est l'objet du poëme de *la Loi naturelle*[146].

Ce poëme, le plus bel hommage que jamais l'homme ait rendu à la Divinité, excita la colère des dévots, qui l'appelaient le poëme de *la Religion naturelle,* quoiqu'il n'y fût question de religion que pour combattre l'intolérance, et qu'il ne puisse exister de religion naturelle. Il fut brûlé par le parlement de Paris, qui commençait à s'effrayer des progrès de la raison autant que de ceux du molinisme. Conduit à cette époque par quelques chefs, ou aveuglés par l'orgueil, ou égarés par une fausse politique, il crut qu'il lui serait plus facile d'arrêter les progrès des lumières que de mériter le suffrage des hommes éclairés. Il ne sentit pas le besoin qu'il avait de l'opinion publique, ou méconnut ceux à qui il était donné de la diriger, et se déclara l'ennemi des gens de lettres, précisément à l'instant où le suffrage des gens de lettres français commençait à exercer quelque influence sur la France même et sur l'Europe.

Cependant le poëme de Voltaire, commenté depuis dans plusieurs livres célèbres, est encore celui où la liaison de la morale avec l'existence d'un Dieu est exposée avec le plus de force et de raison ; et, trente ans plus tard, ce qui avait été brûlé comme impie eût paru presque un ouvrage religieux.

Dans le poëme sur *le Désastre de Lisbonne*[147], Voltaire s'abandonne au sentiment de terreur et de mélancolie que ce malheur lui inspire ; il appelle au milieu de ces ruines sanglantes les tranquilles sectateurs de l'optimisme ; il combat leurs froides et puériles raisons avec l'indignation d'un philosophe profondément sensible aux maux de ses semblables ; il expose dans toute leur force les difficultés sur l'origine du mal, et avoue qu'il est impossible à l'homme de les résoudre. Ce poëme, dans lequel, à l'âge de plus de soixante ans, l'âme de Voltaire, échauffée par la passion de l'humanité, a toute la verve et tout le feu de la jeunesse, n'est pas le seul ouvrage qu'il voulut opposer à l'optimisme.

Il publia *Candide*[148], un de ses chefs-d'œuvre dans le genre des romans philosophiques, qu'il transporta d'Angleterre en France en le perfectionnant. Ce genre a le malheur de paraître facile ; mais il exige un talent rare, celui de savoir exprimer par une plaisanterie, par un trait d'imagination, ou par les événements mêmes du roman, les résultats d'une philosophie profonde, sans cesser d'être naturelle et piquante, sans cesser d'être vraie. Il faut donc choisir ceux de ces résultats qui n'ont besoin ni de développements ni de preuves ; éviter à la fois et ce qui étant commun ne vaut pas la peine d'être répété, et ce qui, étant ou trop abstrait ou trop neuf encore, n'est fait que pour un petit nombre d'esprits. Il faut être philosophe, et ne point le paraître.

En même temps peu de livres de philosophie sont plus utiles ; ils sont lus par des hommes frivoles que le nom seul de philosophe rebute ou attriste, et que cependant il est important d'arracher aux préjugés, et d'opposer au grand nombre de ceux qui sont intéressés à les défendre. Le genre humain serait condamné à d'éternelles erreurs si, pour l'en affranchir, il fallait étudier ou méditer les preuves de la vérité. Heureusement la justesse naturelle de l'esprit y peut suppléer pour les vérités simples, qui sont aussi les plus nécessaires. Il suffit alors de trouver un moyen de fixer l'attention des hommes inappliqués, et surtout de graver ces vérités dans leur mémoire. Telle est la grande utilité des romans philosophiques, et le mérite de ceux de Voltaire, où il a surpassé également et ses imitateurs et ses modèles.

Une traduction libre de *l'Ecclésiaste*[149] et d'une partie du *Cantique des Cantiques*[150] suivit de près *Candide*.

On avait persuadé à Mme de Pompadour qu'elle ferait un trait de politique profonde en prenant le masque de la dévotion ; que par là elle se mettrait à l'abri des scrupules et de l'inconstance du roi, et qu'en même temps elle calmerait la haine du peuple. Elle imagina de faire de Voltaire un des acteurs de cette comédie. Le duc de La Vallière lui proposa de traduire les *Psaumes* et les *ouvrages sapientiaux* ;

l'édition aurait été faite au Louvre, et l'auteur serait revenu à Paris, sous la protection de la dévote favorite. Voltaire ne pouvait devenir hypocrite, pas même pour être cardinal, comme on lui en fit entrevoir l'espérance à peu près dans le même temps. Ces sortes de propositions se font toujours trop tard ; et si on les faisait à temps, elles ne seraient pas d'une politique bien sûre : celui qui devait être un ennemi dangereux deviendrait souvent un allié plus dangereux encore. Supposez Calvin ou Luther appelés à la pourpre lorsqu'ils pouvaient encore l'accepter sans honte, et voyez ce qu'ils auraient osé. On ne satisfait pas, avec les hochets de la vanité, les âmes dominées par l'ambition de régner sur les esprits ; on leur fournit des armes nouvelles.

Cependant Voltaire fut tenté de faire quelques essais de traduction, non pour rétablir sa réputation religieuse, mais pour exercer son talent dans un genre de plus. Lorsqu'ils parurent, les dévots s'imaginèrent qu'il n'avait voulu que parodier ce qu'il avait traduit, et crièrent au scandale, ils n'imaginaient pas que Voltaire avait adouci et purifié le texte ; que son *Ecclésiaste* était moins matérialiste, et son *Cantique* moins indécent, que l'original sacré. Ces ouvrages furent donc encore brûlés. Voltaire s'en vengea par une lettre remplie à la fois d'humeur et de gaieté[151], où il se moque de cette hypocrisie de mœurs, vice particulier aux nations modernes de l'Europe, et qui a contribué plus qu'on ne croit à détruire l'énergie de caractère qui distingue les nations antiques.

En 1757 parut la première édition de ses œuvres[152], vraiment faite sous ses yeux. Il avait tout revu avec une attention sévère, fait un choix éclairé, mais rigoureux, parmi le grand nombre de pièces fugitives échappées à sa plume, et y avait ajouté son immortel *Essai sur les Mœurs et l'Esprit des nations*[153].

Longtemps Voltaire s'était plaint que, chez les modernes surtout, l'histoire d'un pays fût celle de ses rois ou de ses chefs ; qu'elle ne parlât que des guerres, des traités, ou des troubles civils ; que l'histoire des mœurs, des arts, des sciences, celle des lois, de l'administration publique, eût été presque oubliée. Les anciens même, où l'on trouve plus de détails sur les mœurs, sur la politique intérieure, n'ont fait en général que joindre à l'histoire des guerres celle des factions populaires. On croirait, en lisant ces historiens, que le genre humain n'a été créé que pour servir à faire briller les talents politiques ou militaires de quelques individus, et que la société a pour objet, non le bonheur de l'espèce entière, mais le plaisir d'avoir des révolutions à lire ou à raconter.

Voltaire forma le plan d'une histoire où l'on trouverait ce qu'il importe le plus aux hommes de connaître : les effets qu'ont produits sur le repos ou le bonheur des nations les préjugés, les lumières, les vertus ou les vices, les usages ou les arts des différents siècles.

Il choisit l'époque qui s'étend depuis Charlemagne jusqu'à nos jours ; mais, ne se bornant pas aux seules nations européannes[154], un tableau abrégé de l'état des autres parties du globe, des révolutions qu'elles ont éprouvées, des opinions qui les gouvernent, ajoute à l'intérêt et à l'instruction. C'était pour réconcilier Mme du Châtelet avec l'étude de l'histoire qu'il avait entrepris ce travail immense, qui le força de se livrer à des recherches d'érudition qu'on aurait crues incompatibles avec la mobilité de son imagination et l'activité de son esprit. L'idée d'être utile le soutenait ; et l'érudition ne pouvait être ennuyeuse pour un homme qui, s'amusant du ridicule, et ayant la sagacité de le saisir, en trouvait une source inépuisable dans les absurdités spéculatives ou pratiques de nos pères, et dans la sottise de ceux qui les ont transmises ou commentées en les admirant avec une bonne foi ou une hypocrisie également risibles.

Un tel ouvrage ne pouvait plaire qu'à des philosophes. On l'accusa d'être frivole, parce qu'il était clair, et qu'on le lisait sans fatigue ; on prétendit qu'il était inexact, parce qu'il s'y trouvait des erreurs de noms et de dates absolument indifférentes ; et il est prouvé, par les reproches mêmes des critiques qui se sont déchaînés contre lui, que jamais, dans une histoire si étendue, aucun historien n'a été plus fidèle[155]. On l'a souvent accusé de partialité, parce qu'il s'élevait contre des préjugés que la pusillanimité ou la bassesse avait trop longtemps ménagés : et il est aisé de prouver que, loin d'exagérer les crimes du despotisme sacerdotal, il en a plutôt diminué le nombre et adouci l'atrocité[156]. Enfin on a trouvé mauvais que, dans ce tableau d'horreurs et de folies, il ait quelquefois répandu sur celles-ci les traits de la plaisanterie, qu'il n'ait pas toujours parlé sérieusement des extravagances humaines, comme si elles cessaient d'être ridicules parce qu'elles ont été souvent dangereuses.

Ces préjugés, que des corps puissants étaient intéressés à répandre, ne sont pas encore détruits. L'habitude de voir presque toujours la lourdeur réunie à l'exactitude, de trouver à côté des décisions de la critique l'échafaudage insipide employé pour les former, a fait prendre celle de ne regarder comme exact que ce qui porte l'empreinte de la pédanterie. On s'est accoutumé à voir l'ennui accompagner la fidélité historique, comme à voir les hommes de certaines professions porter des couleurs lugubres. D'ailleurs les gens d'esprit ne tirent aucune vanité d'un mérite que des sots peuvent partager avec eux ; et on croit qu'ils ne l'ont point, parce qu'ils sont les seuls à ne pas s'en vanter. Les *Voyages du jeune Anacharsis* détruiront peut-être cette opinion trop accréditée[157].

Mais l'*Essai* de Voltaire sera toujours, pour les hommes qui exercent leur raison, une lecture délicieuse par le choix des objets que l'auteur a présentés, par la rapidité du style, par l'amour de la vérité et de l'humanité qui en anime toutes les pages, par cet art de présenter des contrastes piquants, des rapprochements inattendus, sans cesser d'être naturel et facile ; d'offrir, dans un style toujours simple, de grands résultats et des idées profondes. Ce n'est pas l'histoire des siècles que l'auteur a parcourue, mais ce qu'on aurait voulu retenir de la lecture de l'histoire, ce qu'on aimerait à s'en rappeler.

En même temps peu de livres seraient plus utiles dans une éducation raisonnable. On y apprendrait, avec les faits, l'art de les voir et de les juger ; on y apprendrait à exercer sa raison dans son indépendance naturelle, sans laquelle elle n'est plus que l'instrument servile des préjugés ; on y apprendrait enfin à mépriser la superstition, à craindre le fanatisme, à détester l'intolérance, à haïr la tyrannie sans cesser d'aimer la paix, et cette douceur de mœurs aussi nécessaire au bonheur des nations que la sagesse même des lois.

Jusqu'ici, dans l'éducation publique ou particulière, également dirigées par des préjugés, les jeunes gens n'apprennent l'histoire que défigurée par des compilateurs vils ou superstitieux. Si, depuis la publication de l'*Essai* de Voltaire, deux hommes, l'abbé de Condillac et l'abbé Miliot, ont mérité de n'être pas confondus dans cette classe, gênés par leur état, ils ont trop laissé à deviner ; pour les bien entendre, il faut n'avoir plus besoin de s'instruire avec eux.

Cet ouvrage plaça Voltaire dans la classe des historiens originaux ; et il a l'honneur d'avoir fait, dans la manière d'écrire l'histoire, une révolution dont à la vérilé l'Angleterre a presque seule profité jusqu'ici. Hume, Robertson, Gibbon, Watson, peuvent, à quelques égards, être regardés comme sortis de son école. L'histoire de Voltaire a encore un autre avantage ; c'est qu'elle peut être enseignée en Angleterre comme en Russie, en Virginie comme à Berne ou à Venise. Il n'y a placé que ces vérités dont tous les gouvernements peuvent convenir : qu'on laisse à la raison humaine le droit de s'éclairer, que le citoyen jouisse de sa liberté naturelle, que les lois soient douces, que la religion soit tolérante ; il ne va pas plus loin. C'est à tous les hommes qu'il s'adresse, et il ne leur dit que ce qui peut les éclairer également, sans révolter aucune de ces opinions qui, liées avec les constitutions et les intérêts d'un pays, ne peuvent céder à la raison, tant que la destruction des erreurs plus générales ne lui aura point ouvert un accès plus facile.

À la tête de ses poésies fugitives, Voltaire avait placé, dans cette édition, une épître adossée à sa maison des Délices[158], ou plutôt un hymne à la liberté : elle suffirait pour répondre à ceux qui, dans leur zèle aristocratique, l'ont accusé d'en être l'ennemi. Dans ces pièces, où règnent tour à tour la gaieté, le sentiment, ou la galanterie, Voltaire ne cherche point à être poëte, mais des beautés poétiques de tous les genres semblent lui échapper malgré lui. Il ne cherche point à montrer de la philosophie, mais il a toujours celle qui convient au sujet, aux circonstances, aux personnes. Dans ces poésies, comme dans les romans, il faut que la philosophie de l'ouvrage paraisse au-dessous de la philosophie de l'auteur. Il en est de ces écrits comme des livres élémentaires, qui ne peuvent être bien faits à moins que l'auteur n'en sache beaucoup au delà de ce qu'ils contiennent. Et c'est par cette raison que dans ces genres, regardés comme frivoles, les premières places ne peuvent appartenir qu'à des hommes d'une raison supérieure.

Cette même année fut l'époque d'une réconciliation entre Voltaire et son ancien disciple. Les Autrichiens, déjà au milieu de la Silésie, étaient près d'en achever la conquête ; une armée française était sur les frontières du Brandebourg. Les Russes, déjà maîtres de la Prusse, menaçaient la Poméranie et les Marches ; la monarchie prussienne paraissait anéantie, et le prince qui l'avait fondée n'avait plus d'autre ressource que de s'enterrer sous ses ruines, et de sauver sa gloire en périssant au milieu d'une victoire. La margrave de Baireuth aimait tendrement son frère ; la chute de sa maison l'affligeait ; elle savait combien la France agissait contre ses intérêts en prodiguant son sang et ses trésors pour assurer à la maison d'Autriche la souveraineté de l'Allemagne ; mais le ministre de France avait à se plaindre d'un vers du roi de Prusse. La marquise de Pompadour ne lui pardonnait pas d'avoir feint d'ignorer son existence politique, et on avait eu soin de lui enseigner aussi des vers que l'infidélité d'un copiste avait fait tomber entre les mains du ministre de Saxe. Il fallait donc faire adopter l'idée de négocier à des ennemis aigris par des injures personnelles, au moment même où ils se croyaient assurés d'une victoire facile. La margrave eut recours à Voltaire, qui s'adressa au cardinal de Tencin, sachant que ce ministre, oublié depuis la mort de Fleury, qui l'employait en le méprisant, avait conservé avec le roi une correspondance particulière. Tencin écrivit, mais il reçut pour toute réponse l'ordre du ministre des affaires étrangères de refuser la négociation par une lettre dont on lui avait même envoyé le modèle. Le vieux politique, qui n'avait pas voulu donner à dîner à Voltaire pour ménager la cour, ne se consola point de s'être brouillé avec elle par sa complaisance pour lui ; et le chagrin de cette petite mortification abrégea ses jours. Étant plus jeune, des aventures plus cruelles n'avaient fait que redoubler et enhardir son talent pour l'intrigue, parce que l'espérance le soutenait et qu'il était du nombre des hommes que le crédit et les dignités consolent de la honte ; mais alors il voyait se rompre le dernier fil qui le liait encore à la faveur.

Voltaire entama une autre négociation non moins inutile par le maréchal de Richelieu. Une troisième enfin, quelques années plus tard, fut conduite jusqu'à obtenir de M. de Choiseul qu'il recevrait un envoyé secret du roi de Prusse. Cet envoyé fut découvert par les agents de l'impératrice-reine, et, soit faiblesse, soit que M. de Choiseul eût agi sans consulter Mme de Pompadour, il fut arrêté, et ses papiers fouillés : violation du droit des gens qui se perd dans la foule des petits crimes que les politiques se permettent sans remords.

Dans cette époque si dangereuse et si brillante pour le roi de Prusse, Voltaire paraissait tantôt reprendre son ancienne amitié, tantôt ne conserver que la mémoire de Francfort. C'est alors qu'il composa ces Mémoires singuliers, où le souvenir profond d'un juste ressentiment n'étouffe ni la gaieté ni la justice. Il les avait généreusement condamnés à l'oubli ; le hasard les a conservés, pour venger le génie des attentats du pouvoir.

La margrave de Baireuth mourut[159] au milieu de la guerre. Le roi de Prusse écrivit à Voltaire pour le prier de donner au nom de sa sœur une immortalité dont ses vertus aimables et indulgentes, son âme également supérieure aux préjugés, à la grandeur et aux revers, l'avaient rendue digne. L'ode que Voltaire a consacrée à sa mémoire[160] est remplie d'une sensibilité douce, d'une philosophie simple et touchante. Ce genre est un de ceux où il a eu le moins de succès, puisqu'on y exige une perfection qu'il ne put jamais se résoudre à chercher dans les petits ouvrages, et que sa raison ne pouvait se prêter à cet enthousiasme de commande qu'on dit convenir à l'ode. Celles de Voltaire ne sont que des pièces fugitives où l'on retrouve le grand poëte, le poëte philosophe, mais gêné et contraint par une forme qui ne convenait pas à la liberté de son génie. Cependant il faut avouer que les stances à une princesse sur le jeu[161], et surtout ces stances charmantes sur la vieillesse[162],

> Si vous voulez que j'aime encore, etc.,

sont des odes anacréontiques fort au-dessus de celles

d'Horace, qui cependant, du moins pour les gens d'un goût un peu moderne, a surpassé son modèle.

La France, si supérieure aux autres nations dans la tragédie et la comédie, n'a point été aussi pleureuse en poëtes lyriques. Les odes de Rousseau n'offrent guère qu'une poésie harmonieuse et imposante, mais vide d'idées, ou remplie de pensées fausses. Lamotte, plus ingénieux, n'a connu ni l'harmonie ni la poésie du style ; et on cite à peine des autres poëtes un petit nombre de strophes.

Voltaire était encore à Berlin lorsque MM. Diderot et d'Alembert formèrent le projet de l'*Encyclopédie* et en publièrent le premier volume[163]. Un ouvrage qui devait renfermer les vérités de toutes les sciences, tracer entre elles des lignes de communication, entrepris par deux hommes qui joignaient à des connaissances étendues ou profondes beaucoup d'esprit, et une philosophie libre et courageuse, parut aux yeux pénétrants de Voltaire le coup le plus terrible que l'on pût porter aux préjugés. L'Encyclopédie devenait le livre de tous les hommes qui aiment à s'instruire, et surtout de ceux qui, sans être habituellement occupés de cultiver leur esprit, sont jaloux cependant de pouvoir acquérir une instruction facile sur chaque objet qui excite en eux quelque intérêt passager ou durable. C'est un dépôt où ceux qui n'ont pas le temps de se former des idées d'après eux-mêmes devaient aller chercher celles qu'avaient eues les hommes les plus éclairés et les plus célèbres ; dans lequel enfin les erreurs respectées seraient ou trahies parla faiblesse de leurs preuves, ou ébranlées par le seul voisinage des vérités qui en sapent les fondements.

Voltaire, retiré à Ferney, donna pour l'*Encyclopédie* un petit nombre d'articles de littérature[164] ; il en prépara quelques-uns de philosophie, mais avec moins de zèle, parce qu'il sentait qu'en ce genre les éditeurs avaient moins besoin de lui, et qu'en général si ses grands ouvrages en vers ont été faits pour sa gloire, il n'a presque jamais écrit en prose que dans des vues d'utilité générale. Cependant les mêmes raisons qui l'intéressaient au progrès de l'*Encyclopédie* suscitèrent à cet ouvrage une foule d'ennemis. Composé ou applaudi par les hommes les plus célèbres de la nation, il devint comme une espèce de marque qui séparait les littérateurs distingués, et ceux qui s'honoraient d'être leurs disciples ou leurs amis, de cette foule d'écrivains obscurs et jaloux qui, dans la triste impuissance de donner aux hommes ou des vérités nouvelles ou de nouveaux plaisirs, haïssent ou déchirent ceux que la nature a mieux traités.

Un ouvrage où l'on devait parler avec franchise et avec liberté de théologie, de morale, de jurisprudence, de législation, d'économie publique, devait effrayer tous les partis politiques ou religieux, et tous les pouvoirs secondaires qui craignaient d'y voir discuter leur utilité et leurs titres. L'insurrection fut générale. Le *Journal de Trévoux*, la *Gazette ecclésiastique*, les journaux satiriques, les jésuites et les jansénistes, le clergé, les parlements, tous, sans cesser de se combattre ou de se haïr, se réunirent contre l'*Encyclopédie.* Elle succomba. On fut obligé d'achever et d'imprimer en secret cet ouvrage, à la perfection duquel la liberté et la publicité étaient si nécessaires ; et le plus beau monument dont jamais l'esprit humain ait conçu l'idée serait demeuré imparfait sans le courage de Diderot, sans le zèle d'un grand nombre de savants et de littérateurs distingués que la persécution ne put arrêter.

Heureusement l'honneur d'avoir donné l'*Encyclopédie* à l'Europe compensa pour la France la honte de l'avoir persécutée. Elle fut regardée avec justice comme l'ouvrage de la nation, et la persécution comme celui d'une jalousie ou d'une politique également méprisables.

Mais la guerre dont l'*Encyclopédie* était l'occasion ne cessa point avec la proscription de l'ouvrage. Ses principaux auteurs et leurs amis, désignés par les noms de *philosophes* et d'*encyclopédistes,* qui devenaient des injures dans la langue des ennemis de la raison, furent forcés de se réunir par la persécution même, et Voltaire se trouva naturellement leur chef par son âge, par sa célébrité, son zèle et son génie. Il avait depuis longtemps des amis et un grand nombre d'admirateurs ; alors il eut un parti. La persécution rallia sous son étendard tous les hommes de quelque mérite, que peut-être sa supériorité aurait écartés de lui, comme elle en avait éloigné leurs prédécesseurs ; et l'enthousiasme prit enfin la place de l'ancienne injustice.

C'est dans l'année 1760 que cette guerre littéraire fut la plus vive. Lefranc de Pompignan, littérateur estimable et poëte médiocre, dont il reste une belle strophe[165], et une tragédie faible[166] où le génie de Virgile et de Métastase n'ont pu le soutenir, fut appelé à l'Académie française. Revêtu d'une charge de magistrature, il crut que sa dignité, autant que ses ouvrages, le dispensait de toute reconnaissance ; il se permit d'insulter, dans son discours de réception, les hommes dont le nom faisait le plus d'honneur à la société qui daignait le recevoir, et désigna clairement Voltaire, en l'accusant d'incrédulité et de mensonge[167]. Bientôt après, Palissot, instrument vénal de la haine d'une femme, met les philosophes sur le théâtre. Les lois qui défendent de jouer les personnes sont muettes. La magistrature trahit son devoir, et voit, avec une joie maligne, immoler sur la scène les hommes dont elle craint les lumières et le pouvoir sur l'opinion, sans songer qu'en ouvrant la carrière à la satire, elle s'expose à en partager les traits. Crébillon déshonore sa vieillesse en approuvant la pièce. Le duc de Choiseul, alors ministre en crédit, protége cette indignité, par faiblesse pour la même femme[168] dont Palissot servait le ressentiment. Les journaux répètent les insultes du théâtre. Cependant Voltaire se réveille. *Le pauvre Diable, le Russe à Paris, la Vanité,* une foule de plaisanteries en prose se succèdent avec une étonnante rapidité.

Lefranc de Pompignan se plaint au roi, se plaint à l'Académie, et voit avec une douleur impuissante que le nom de Voltaire y écrase le sien. Chaque démarche multiplie les traits que toutes les bouches répètent, et les vers pour jamais attachés à son nom. Il propose à un protecteur auguste de manquer *à ce qu'il s'est promis à lui-même,* en retournant à l'Académie pour donner sa voix à un homme auquel le prince s'intéressait ; il n'obtient qu'un refus poli de ce sacrifice, a le malheur, en se retirant, d'entendre répéter par son protecteur[169] même ce vers si terrible :

Et l'ami Pompignan pense être quelque chose[170] ;

et va cacher dans sa province son orgueil humilié et son ambition trompée : exemple effrayant, mais salutaire, du pouvoir du génie et des dangers de l'hypocrisie littéraire.

Fréron, ex-jésuite comme Desfontaines, lui avait succédé dans le métier de flatter, par des satires périodiques, l'envie des ennemis de la vérité, de la raison et des talents. Il s'était distingué dans la guerre contre les philosophes. Voltaire, qui depuis longtemps supportait ses injures, en fit justice, et vengea ses amis. Il introduisit dans la comédie de *l'Écossaise*[171] un journaliste méchant, calomniateur et vénal : le parterre y reconnut Fréron, qui, livré au mépris public dans une pièce que des scènes attendrissantes et le caractère original et piquant du bon et brusque Freeport devaient conserver au théâtre, fut condamné à traîner le reste de sa vie un nom ridicule et déshonoré. Fréron, en applaudissant à l'insulte faite aux philosophes, avait perdu le droit de se plaindre ; et ses protecteurs aimèrent mieux l'abandonner que d'avouer une partialité trop révoltante.

D'autres ennemis moins acharnés avaient été ou corrigés ou punis ; et Voltaire, triomphant au milieu de ces victimes immolées à la raison et à sa gloire, envoya au théâtre, à soixante-six ans, le chef-d'œuvre de *Tancrède*. La pièce fut dédiée à la marquise de Pompadour[172]. C'était le fruit de l'adresse avec laquelle Voltaire avait su, sans blesser le duc de Choiseul, venger les philosophes, dont les adversaires avaient obtenu de ce ministre une protection passagère. Cette dédicace apprenait à ses ennemis que leurs calomnies ne compromettraient pas davantage sa sûreté que leurs critiques ne nuiraient à sa gloire ; et c'était mettre le comble à sa vengeance.

Cette même année, il apprend qu'une petite-nièce de Corneille languissait dans un état indigne de son nom : « C'est le devoir d'un soldat de secourir la nièce de son général », s'écrie-t-il[173]. Mlle Corneille fut appelée à Ferney ; elle y reçut l'éducation qui convenait à l'état que sa naissance lui marquait dans la société. Voltaire porta même la délicatesse jusqu'à ne pas souffrir que l'établissement de Mlle Corneille parût un de ses bienfaits ; il voulut qu'elle le dût aux ouvrages de son oncle. Il en entreprit une édition avec des notes. Le créateur du théâtre français, commenté par celui qui avait porté ce théâtre à sa perfection ; un homme de génie né dans un temps où le goût n'était pas encore formé, jugé par un rival qui joignait au génie le don presque aussi rare d'un goût sûr sans être sévère, délicat sans être timide, éclairé enfin par une longue et heureuse expérience de l'art : voilà ce qu'offrait cet ouvrage. Voltaire y parle des défauts de Corneille avec franchise, de ses beautés avec enthousiasme. Jamais on n'avait jugé Corneille avec tant de rigueur, jamais on ne l'avait loué avec un sentiment plus profond et plus vrai. Occupé d'instruire et la jeunesse française et ceux des étrangers qui cultivent notre littérature, il ne pardonne point aux vices du langage, à l'exagération, aux fautes contre la bienséance ou contre le goût ; mais il apprend en même temps à reconnaître les progrès que l'art doit à Corneille, l'élévation extraordinaire de son esprit, la beauté presque inimitable de sa poésie dans les morceaux que son génie lui a inspirés, et ces mots profonds ou sublimes qui naissent subitement du fond des situations, ou qui peignent d'un trait de grands caractères.

La foule des littérateurs lui reprocha néanmoins d'avoir voulu avilir Corneille par une basse jalousie, tandis que partout, dans ce commentaire, il saisit, il semble chercher les occasions de répandre son admiration pour Racine, rival plus dangereux, qu'il n'a surpassé que dans quelques parties de l'art tragique, et dont, au milieu de sa gloire, il eût pu envier la *perfection désespérante*.

Cependant, tranquille dans sa retraite, occupé de continuer la guerre heureuse qu'il faisait aux préjugés, Voltaire voit arriver une famille infortunée dont le chef a été traîné sur la roue par des juges fanatiques, instruments des passions féroces d'un peuple superstitieux. Il apprend que

Calas, vieillard infirme, a été accusé d'avoir pendu son fils, jeune et vigoureux, au milieu de sa famille, en présence d'une servante catholique ; qu'il avait été porté à ce crime par la crainte de voir embrasser la religion catholique à ce fils, qui passait sa vie dans les salles d'armes et dans les billards, et dont personne, au milieu de l'effervescence générale, ne put jamais citer un seul mot, une seule démarche, qui annonçassent un pareil dessein ; tandis qu'un autre fils de Calas, déjà converti, jouissait d'une pension que ce père très-peu riche consentait à lui faire. Jamais, dans un événement de ce genre, un tel concours de circonstances n'avait plus éloigné les soupçons d'un crime, plus fortifié les raisons de croire à un suicide. La conduite du jeune homme, son caractère, le genre de ses lectures, tout confirmait cette idée. Cependant un capitoul[174] dont la tête ardente et faible était enivrée de superstition, et dont la haine pour les protestants n'hésitait pas à leur imputer des crimes, fait arrêter la famille entière. Bientôt la populace catholique s'échauffe : le jeune homme est un martyr. Des confréries de pénitents, qui, à la honte de la nation, subsistent encore à Toulouse, lui font un service solennel, où l'on place son image tenant d'une main la palme du martyre, et de l'autre la plume qui devait signer l'abjuration.

On répand bientôt que la religion protestante prescrit aux pères d'assassiner leurs enfants quand ils veulent abjurer ; que, pour plus de sûreté, on élit, dans les assemblées du désert, le bourreau de la secte. Le tribunal inférieur, conduit par le furieux David, prononce que le malheureux Calas est coupable. Le parlement confirme le jugement à cette pluralité très-faible, malheureusement regardée comme suffisante par notre absurde jurisprudence. Condamné à la roue et à la question, ce père infortuné meurt en protestant qu'il n'est pas coupable, et les juges absolvent sa famille, complice nécessaire du crime ou de l'innocence de son chef.

Cette famille, ruinée et flétrie par le préjugé, va chercher chez les hommes d'une même croyance une retraite, des secours, et surtout des consolations. Elle s'arrête auprès de Genève. Voltaire, attendri et indigné, se fait instruire de ces horribles détails, et, bientôt sûr de l'innocence du malheureux Calas, il ose concevoir l'espérance d'obtenir justice. Le zèle des avocats est excité, et leur courage soutenu par ses lettres. Il intéresse à la cause de l'humanité l'âme naturellement sensible du duc de Choiseul. La réputation de Tronchin avait appelé à Genève la duchesse d'Enville, arrière petite-fille de l'auteur des *Maximes*, supérieure à la superstition par son caractère comme par ses lumières, sachant faire le bien avec activité comme avec courage, embellissant par une modestie sans faste l'énergie de ses vertus ; sa haine pour le fanatisme et pour l'oppression assurait aux Calas une protectrice dont les obstacles et les lenteurs ne ralentiraient pas le zèle. Le procès fut commencé. Aux mémoires des avocats, trop remplis de longueurs et de déclamations, Voltaire joignait des écrits plus courts, séduisants par le style, propres tantôt à exciter la pitié, tantôt à réveiller l'indignation publique, si prompte à se calmer dans une nation alors trop étrangère à ses propres intérêts. En plaidant la cause de Calas, il soutenait celle de la tolérance : car c'était beaucoup alors de prononcer ce nom, rejeté aujourd'hui avec indignation par les hommes qui pensent, comme paraissant reconnaître le droit de donner des chaînes à la pensée et à la conscience. Des lettres remplies de ces louanges fines qu'il savait répandre avec tant de grâce animaient le zèle des défenseurs, des protecteurs et des juges. C'est en promettant l'immortalité qu'il demandait justice.

L'arrêt de Toulouse fut cassé. Le duc de Choiseul eut la sagesse et le courage de faire renvoyer à un tribunal des maîtres des requêtes cette cause devenue celle de tous les parlements, dont les préjugés et l'esprit de corps ne permettaient point d'espérer un jugement équitable. Enfin Calas fut déclaré innocent[175]. Sa mémoire fut réhabilitée ; et un ministre généreux fit réparer, par le trésor public, le tort que l'injustice des juges avait fait à la fortune de cette famille aussi respectable que malheureuse ; mais il n'alla point jusqu'à forcer le parlement de Languedoc à reconnaître l'arrêt qui détruisait une de ses injustices. Ce tribunal préféra la triste vanité de persévérer dans son erreur à l'honneur de s'en repentir et de la réparer.

Cependant les applaudissements de la France et de l'Europe parvinrent jusqu'à Toulouse, et le malheureux David, succombant sous le poids du remords et de la honte, perdit bientôt la raison et la vie. Cette affaire, si grande en elle-même, si importante par ses suites, puisqu'elle ramena sur les crimes de l'intolérance, et la nécessité de les prévenir, les regards et les vœux de la France et de l'Europe, cette affaire occupa l'âme de Voltaire pendant plus de trois années. « Durant tout ce temps, disait-il, il ne m'est pas échappé un sourire, que je ne me le sois reproché comme un crime. » Son nom, cher depuis longtemps aux amis éclairés de l'humanité, comme celui de son plus zélé, de son plus infatigable défenseur, ce nom fut alors béni par cette foule de citoyens qui, voués à la persécution depuis quatre-vingts ans, voyaient enfin s'élever une voix pour leur défense. Quand il revint à Paris, en 1778, un jour que le public l'entourait sur le Pont-Royal, on demanda à une femme du peuple qui était cet homme qui traînait la foule après lui : « Ne savez-vous pas, dit-elle, que c'est le sauveur des Calas ? » Il sut cette réponse, et au milieu de toutes les marques d'admiration qui lui furent prodiguées, ce fut ce qui le toucha le plus.

Peu de temps après la malheureuse mort de Calas[176], une jeune fille de la même province, qui, suivant un usage barbare, avait été enlevée à ses parents et renfermée dans un couvent dans l'intention d'aider, par des moyens humains, la grâce de la foi, lassée des mauvais traitements qu'elle y essuyait, s'échappa, et fut retrouvée dans un puits. Le prêtre qui avait sollicité la lettre de cachet, les religieuses qui avaient usé avec barbarie du pouvoir qu'elle leur donnait sur cette infortunée, pouvaient sans doute mériter une punition ; mais c'est sur la famille de la victime que le fanatisme veut la faire tomber. Le reproche calomnieux qui avait conduit Calas au supplice se renouvelle avec une nouvelle fureur. Sirven a heureusement le temps de se sauver ; et, condamné à la mort par contumace, il va chercher un refuge auprès du protecteur des Calas ; mais sa femme, qu'il traîne après lui, succombe à sa douleur, à la fatigue d'un voyage entrepris à pied au milieu des neiges.

La forme obligeait Sirven à se présenter devant ce même parlement de Toulouse qui avait versé le sang de Calas. Voltaire fit des tentatives pour obtenir d'autres juges. Le duc de Choiseul ménageait alors les parlements, qui, après la chute de son crédit sur la marquise de Pompadour, et ensuite après sa mort, lui étaient devenus utiles, tantôt pour le délivrer d'un ennemi, tantôt pour lui donner les moyens de se rendre nécessaire par l'art avec lequel il savait calmer leurs mouvements, que souvent lui-même avait excités.

Il fallut donc que Sirven se déterminât à comparaître à Toulouse ; mais Voltaire avait su pourvoir à sa sûreté, et préparer son succès. Il avait des disciples dans le parlement. Des avocats habiles voulurent partager la gloire que ceux de Paris avaient acquise en défendant Calas. Le parti de la tolérance était devenu puissant dans cette ville même : en peu d'années les ouvrages de Voltaire avaient changé les esprits ; on n'avait plaint Calas qu'avec une horreur muette ; Sirven eut des protecteurs déclarés, grâce à l'éloquence de Voltaire, à ce talent de répandre à propos des vérités et des louanges. Ce parti l'emporta sur celui des pénitents, et Sirven fut sauvé.

Les jésuites s'étaient emparés du bien d'une famille de gentilshommes[177] que leur pauvreté empêchait d'y rentrer. Voltaire leur en donna les moyens, et les oppresseurs de tous les genres, qui depuis longtemps craignaient ses écrits, apprirent à redouter son activité, sa générosité et son courage.

Ce dernier événement précéda de très-peu la destruction des jésuites. Voltaire, élevé par eux, avait conservé des relations avec ses anciens maîtres ; tant qu'ils vécurent, ils empêchèrent leurs confrères de se déchaîner ouvertement contre lui ; et Voltaire ménagea les jésuites, et par considération pour ces liaisons de sa jeunesse, et pour avoir quelques alliés dans le parti qui dominait alors parmi les dévots. Mais, après leur mort, fatigué des clameurs du Journal de Trévoux, qui par d'éternelles accusations d'impiété semblait appeler la persécution sur sa tête, il ne garda plus les mêmes ménagements ; et son zèle pour la défense des opprimés ne s'étendit point jusque sur les jésuites.

Il se réjouit de la destruction d'un ordre ami des lettres, mais ennemi de la raison, qui eût voulu étouffer tous les talents, ou les attirer dans son sein pour les corrompre, en les employant à servir ses projets, et tenir le genre humain dans l'enfance pour le gouverner. Mais il plaignit les individus traités avec barbarie par la haine des jansénistes, et retira chez lui un jésuite, pour montrer aux dévots que la véritable humanité ne connaît que le malheur, et oublie les opinions. Le Père Adam[178], à qui son séjour à Ferney donna une sorte de célébrité, n'était pas absolument inutile à son hôte ; il jouait avec lui aux échecs, et y jouait avec assez d'adresse pour cacher quelquefois sa supériorité. Il lui épargnait des recherches d'érudition ; il lui servait même d'aumônier, parce que Voltaire voulait pouvoir opposer aux accusations d'impiété sa fidélité à remplir les devoirs extérieurs de la religion romaine.

Il se préparait alors une grande révolution dans les esprits. Depuis la renaissance de la philosophie, la religion exclusivement établie dans toute l'Europe n'avait été attaquée qu'en Angleterre. Leibnitz, Fontenelle, et les autres philosophes moins célèbres accusés de penser librement, l'avaient respectée dans leurs écrits. Bayle lui-même, par une précaution nécessaire à sa sûreté, avait l'air, en se permettant toutes les objections, de vouloir prouver uniquement que la révélation seule peut les résoudre, et d'avoir formé le projet d'élever la foi en rabaissant la raison. Chez les Anglais, ces attaques eurent peu de succès et de suite. La partie la plus puissante de la nation crut qu'il lui était utile de laisser le peuple dans les ténèbres, apparemment pour que l'habitude d'adorer les mystères de la *Bible* fortifiât sa foi pour ceux de la constitution ; et ils firent comme une espèce de bienséance sociale du respect pour la religion établie. D'ailleurs, dans un pays où la Chambre des communes conduit seule à la fortune, et où les membres de cette Chambre sont élus tumultuairement par le peuple, le respect apparent pour ses opinions doit être érigé en vertu par tous les ambitieux.

Il avait paru en France quelques ouvrages hardis, mais les attaques qu'ils portaient n'étaient qu'indirectes. Le livre même *De l'Esprit* n'était dirigé que contre les principes religieux en général : il attaquait toutes les religions par leur base, et laissait aux lecteurs le soin de tirer les conséquences et de faire les applications. *Émile* parut : *la Profession de foi du Vicaire savoyard* ne contenait rien sur l'utilité de la croyance d'un Dieu pour la morale, et sur l'inutilité de la révélation, qui ne se trouvât dans le poëme de *la Loi naturelle* ; mais on y avertissait ceux qu'on attaquait que c'était d'eux que l'on parlait. C'était sous leur nom, et non sous celui des prêtres de l'Inde ou du Thibet, qu'on les amenait sur la scène. Cette hardiesse étonna Voltaire, et excita son émulation. Le succès d'*Émile* l'encouragea, et la persécution ne l'effraya point. Rousseau n'avait été décrété à Paris que pour avoir mis son nom à l'ouvrage ; il n'avait été persécuté à Genève que pour avoir soutenu, dans une autre partie d'*Émile,* que le peuple ne pouvait renoncer au droit de réformer une constitution vicieuse. Cette doctrine autorisait les citoyens de cette république à détruire l'aristocratie que ses magistrats avaient établie, et qui concentrait une autorité héréditaire dans quelques familles riches.

Voltaire pouvait se croire sûr d'éviter la persécution en cachant son nom, et en ayant soin de ménager les gouvernements, de diriger tous ses coups contre la religion, d'intéresser même la puissance civile à en affaiblir l'empire. Une foule d'ouvrages où il emploie tour à tour l'éloquence, la discussion, et surtout la plaisanterie, se répandirent dans l'Europe sous toutes les formes que la nécessité de voiler la vérité, ou de la rendre piquante, a pu faire inventer. Son zèle contre une religion qu'il regardait comme la cause du fanatisme qui avait désolé l'Europe depuis sa naissance, de la superstition qui l'avait abrutie, et comme la source des maux que ces ennemis de l'humanité continuaient de faire encore, semblait doubler son activité et ses forces. « Je suis las, disait-il un jour, de leur entendre répéter que douze hommes ont suffi pour établir le christianisme, et j'ai envie de leur prouver qu'il n'en faut qu'un pour le détruire. »

La critique des ouvrages que les chrétiens regardent comme inspirés, l'histoire des dogmes qui depuis l'origine de cette religion se sont successivement introduits, les querelles ridicules ou sanglantes qu'ils ont excitées, les miracles, les prophéties, les contes répandus dans les historiens ecclésiastiques et les légendaires, les guerres religieuses, les massacres ordonnés au nom de Dieu, les bûchers, les échafauds couvrant l'Europe à la voix des prêtres, le fanatisme dépeuplant l'Amérique, le sang des rois coulant sous le fer des assassins ; tous ces objets reparaissaient sans cesse dans tous ses ouvrages sous mille couleurs différentes. Il excitait l'indignation, il faisait couler les larmes, il prodiguait le ridicule. On frémissait d'une action atroce, on riait d'une absurdité. Il ne craignait point de remettre souvent sous les yeux les mêmes tableaux, les mêmes raisonnements. « On dit que je me répète, écrivait-il ; en bien ! je me répéterai jusqu'à ce qu'on se corrige. »

D'ailleurs ces ouvrages, sévèrement défendus en France, en Italie, à Vienne, en Portugal, en Espagne, ne se répandaient qu'avec lenteur. Tous ne pouvaient parvenir à tous les lecteurs ; mais il n'y avait dans les provinces aucun coin reculé, dans les pays étrangers aucune nation écrasée sous le joug de l'intolérance, où il n'en parvînt quelques-uns.

Les libres penseurs, qui n'existaient auparavant que dans quelques villes où les sciences étaient cultivées, et parmi les littérateurs, les savants, les grands, les gens en place, se multiplièrent à sa voix dans toutes les classes de la société comme dans tous les pays. Bientôt, connaissant leur nombre et leurs forces, ils osèrent se montrer, et l'Europe fut étonnée de se trouver incrédule.

Cependant ce même zèle faisait à Voltaire des ennemis de tous ceux qui avaient obtenu ou qui attendaient de cette religion leur existence ou leur fortune. Mais ce parti n'avait plus de Bossuet, d'Arnauld, de Nicole ; ceux qui les remplaçaient par le talent, dans la philosophie ou dans les lettres, avaient passé dans le parti contraire ; et les membres du clergé qui leur étaient le moins inférieurs, cédant à l'intérêt de ne point se perdre dans l'opinion des hommes éclairés, se tenaient à l'écart, ou se bornaient à soutenir l'utilité politique d'une croyance qu'ils auraient été honteux de paraître partager avec le peuple, et substituaient à la superstition crédule de leurs prédécesseurs une sorte de machiavélisme religieux.

Les libelles, les réfutations, paraissaient en foule ; mais Voltaire seul, en y répondant, a pu conserver le nom de ces ouvrages, lus uniquement par ceux à qui ils étaient inutiles, et qui ne voulaient ou ne pouvaient entendre ni les objections ni les réponses.

Aux cris des fanatiques Voltaire opposait les bontés des souverains. L'impératrice de Russie, le roi de Prusse, ceux de Pologne, de Danemark et de Suède, s'intéressaient à ses travaux, lisaient ses ouvrages, cherchaient à mériter ses éloges, le secondaient quelquefois dans sa bienfaisance. Dans tous les pays, les grands, les ministres qui prétendaient à la gloire, qui voulaient occuper l'Europe de leur nom, briguaient le suffrage du philosophe de Ferney, lui confiaient leurs espérances ou leurs craintes pour le progrès de la raison, leurs projets pour l'accroissement des lumières et la destruction du fanatisme. Il avait formé dans l'Europe entière une ligue dont il était l'âme, et dont le cri de ralliement était *raison et tolérance*. S'exerçait-il chez une nation quelque grande injustice, apprenait-on quelque acte de fanatisme, quelque insulte faite à l'humanité, un écrit de Voltaire dénonçait les coupables à l'Europe. Et qui sait combien de fois la crainte de cette vengeance sûre et terrible a pu arrêter les bras des oppresseurs ?

C'était surtout en France qu'il exerçait ce ministère de la raison. Depuis l'affaire des Calas, toutes les victimes injustement immolées ou poursuivies par le fer des lois trouvaient en lui un appui ou un vengeur.

Le supplice du comte de Lally[179] excita son indignation. Des jurisconsultes jugeant à Paris la conduite d'un général dans l'Inde ; un arrêt de mort prononcé sans qu'il eût été possible de citer un seul crime déterminé, et de plus annonçant un simple soupçon sur l'accusation la plus grave ; un jugement rendu sur le témoignage d'ennemis déclarés, sur les mémoires d'un jésuite[180] qui en avait composé deux contradictoires entre eux, incertain s'il accuserait le général ou ses ennemis, ne sachant qui il haïssait le plus, ou qui il lui serait le plus utile de perdre : un tel arrêt devait exciter l'indignation de tout ami de la justice, quand même les opprobres entassés sur la tête du malheureux général, et l'horrible barbarie de le traîner au supplice avec un bâillon, n'auraient pas fait frémir, jusque dans leurs dernières fibres, tous les cœurs que l'habitude de disposer de la vie des hommes n'avait pas endurcis.

Cependant Voltaire parla longtemps seul. Le grand nombre d'employés de la compagnie des Indes, intéressés à rejeter sur un homme qui n'existait plus les suites funestes de leur conduite ; le tribunal puissant qui l'avait condamné ; tout ce que ce corps traîne à sa suite d'hommes dont la voix lui est vendue ; les autres corps qui, réunis avec lui par le même nom, des fonctions communes, des intérêts semblables, regardent sa cause comme la leur ; enfin le ministère, honteux d'avoir eu la faiblesse ou la politique cruelle de sacrifier le comte de Lally à l'espérance de cacher dans son tombeau les fautes qui avaient causé la perte de l'Inde : tout semblait s'opposer à une justice tardive. Mais Voltaire, en revenant souvent sur ce même objet, triompha de la prévention, et des intérêts attentifs à l'étendre et à la conserver. Les bons esprits n'eurent besoin que d'être avertis ; il entraîna les autres, et lorsque le fils du comte de Lally, si célèbre depuis par son éloquence et par son courage[181], eut atteint l'âge où il pouvait demander justice, les esprits étaient préparés pour y applaudir et pour la solliciter. Voltaire était mourant lorsque, après douze ans, cet arrêt injuste fut cassé ; il en apprit la nouvelle, ses forces se ranimèrent, et il écrivit : « Je meurs content ; je vois que le roi aime la justice » ; derniers mots qu'ait tracés cette main qui avait si longtemps soutenu la cause de l'humanité et de la justice.

Dans la même année 1766, un autre arrêt[182] étonna l'Europe, qui, en lisant les ouvrages de nos philosophes, croyait que les lumières étaient répandues en France, du moins dans les classes de la société où c'est un devoir de s'instruire, et qu'après plus de quinze années les confrères de Montesquieu avaient eu le temps de se pénétrer de ses principes.

Un crucifix de bois, placé sur le pont d'Abbeville, fut insulté pendant la nuit. Le scandale du peuple fut exalté et prolongé par la cérémonie ridicule d'une *amende honorable*. L'évêque d'Amiens[183], gouverné dans sa vieillesse par des fanatiques, et n'étant plus en état de prévoir les suites de cette farce religieuse, y donna de l'éclat par sa présence. Cependant la haine d'un bourgeois d'Abbeville[184] dirigea les soupçons du peuple sur le chevalier de La Barre, jeune militaire, d'une famille de robe alliée à la haute magistrature, et qui vivait alors chez une de ses parentes, abbesse de Willencourt, aux portes d'Abbeville. On instruisit le procès. Les juges d'Abbeville condamnèrent à des supplices dont l'horreur effrayerait l'imagination d'un cannibale, le chevalier de La Barre, et d'Étallonde son ami, qui avait eu la prudence de s'enfuir. Le chevalier de La Barre s'était exposé au jugement ; il avait plus à perdre en quittant la France, et comptait sur la protection de ses parents[185], qui occupaient les premières places dans le parlement et dans le conseil. Son espérance fut trompée ; la famille craignit d'attirer les regards du public sur ce procès, au lieu de chercher un appui dans l'opinion ; et à l'âge d'environ dix-sept ans il fut condamné, par la pluralité de deux voix, à avoir la tête tranchée, après avoir eu la langue coupée, et subi les tourments de la question.

Cette horrible sentence fut exécutée ; et cependant les accusations étaient aussi ridicules que le supplice était atroce. Il n était que *véhémentement* soupçonné d'avoir eu part à l'aventure du crucifix. Mais on le déclarait convaincu d'avoir chanté, dans des parties de débauche, quelques-unes de ces chansons moitié obscènes, moitié religieuses, qui, malgré leur grossièreté, amusent l'imagination dans les premières années de la jeunesse, par leur contraste avec le respect ou le scrupule que l'éducation inspire à l'égard des mêmes objets ; d'avoir récité une ode[186] dont l'auteur, connu publiquement, jouissait alors d'une pension sur la cassette du roi ; d'avoir fait des génuflexions en passant devant quelques-uns de ces ouvrages libertins qui étaient à la mode dans un temps où les hommes, égarés par l'austérité de la morale religieuse, ne savaient pas distinguer la volupté de la débauche ; on lui reprochait enfin d'avoir tenu des discours dignes de ces chansons et de ces livres.

Toutes ces accusations étaient appuyées sur le témoignage de gens du peuple qui avaient servi ces jeunes gens dans leurs parties de plaisir, ou de tourières de couvent faciles à scandaliser.

Cet arrêt révolta tous les esprits. Aucune loi ne prononçait la peine de mort ni pour le bris d'images ni pour les blasphèmes de ce genre ; ainsi les juges avaient été même au delà des peines portées par des lois que tous les hommes éclairés ne voyaient qu'avec horreur souiller encore notre code criminel. Il n'y avait point de père de famille qui ne dût trembler, puisqu'il y a peu de jeunes gens auxquels il n'échappe de semblables indiscrétions : et les juges condamnaient à une mort cruelle, pour des discours que la plupart d'entre eux s'étaient permis dans leur jeunesse, que peut-être ils se permettaient encore, et dont leurs enfants étaient aussi coupables que celui qu'ils condamnaient.

Voltaire fut indigné, et en même temps effrayé. On avait adroitement placé le *Dictionnaire philosophique* au nombre des livres devant lesquels on disait que le chevalier de La

Barre s'était prosterné. On voulait faire entendre que la lecture des ouvrages de Voltaire avait été la cause de ces étourderies, transformées en impiétés. Cependant le danger ne l'empêcha point de prendre la défense de ces victimes du fanatisme. D'Étallonde, réfugié à Vesel, obtint, à sa recommandation, une place dans un régiment prussien. Plusieurs ouvrages imprimés instruisirent l'Europe des détails de l'affaire d'Abbeville ; et les juges furent effrayés, sur leur tribunal même, du jugement terrible qui les arrachait à leur obscurité, pour les dévouer à une honteuse immortalité.

Le rapporteur de Lally, accusé d'avoir contribué à la mort du chevalier de La Barre, forcé de reconnaître ce pouvoir, indépendant des places, que la nature a donné au génie pour la consolation et la défense de l'humanité, écrivit une lettre où, partagé entre la honte et l'orgueil, il s'excusait en laissant échapper des menaces. Voltaire lui répondit par ce trait de l'histoire chinoise : *Je vous défends,* disait un empereur au chef du tribunal de l'histoire, *de parler davantage de moi.* Le mandarin se mit à écrire. *Que faites-vous donc ?* dit l'empereur. — *J'écris l'ordre que Votre Majesté vient de me donner*[187].

Pendant douze années que Voltaire survécut à cette injustice, il ne perdit point de vue l'espérance d'en obtenir la réparation ; mais il ne put avoir la consolation de réussir. La crainte de blesser le parlement de Paris l'emporta toujours sur l'amour de la justice ; et dans les moments où les chefs du ministère avaient un intérêt contraire, celle de déplaire au clergé les arrêta. Les gouvernements ne savent pas assez quelle considération leur donnent, et parmi le peuple qui leur est soumis, et auprès des nations étrangères, ces actes éclatants d'une justice particulière, et combien l'appui de l'opinion est plus sûr que les ménagements pour des corps rarement capables de reconnaissance, et auxquels il serait plus politique d'ôter, par ces grands exemples, une partie de leur autorité sur les esprits que de l'augmenter en prouvant, par ces ménagements mêmes, combien ils ont su inspirer de crainte.

Voltaire songeait cependant à conjurer l'orage, à se préparer les moyens d'y dérober sa tête ; il diminua sa maison, s'assura de fonds disponibles avec lesquels il pouvait s'établir dans une nouvelle retraite. Tel avait toujours été son but secret dans ses arrangements de fortune. Pour lui faire éprouver le besoin et lui ravir son indépendance, il aurait fallu une conjuration entre les puissances de l'Europe. Il avait parmi ses débiteurs des princes et des grands qui ne payaient pas avec exactitude ; mais il avait calculé les degrés de la corruption humaine, et il savait que ces mêmes hommes, peu délicats en affaires, sauraient trouver de quoi le payer dans le moment d'une persécution où leur négligence les rendrait l'objet de l'horreur et du mépris de l'Europe indignée.

Cette persécution parut un moment prête à se déclarer. Ferney est situé dans le diocèse de Genève, dont l'évêque titulaire siège dans la petite ville d'Annecy. François de Sales, qu'on a mis au rang des saints, ayant eu cet évêché, l'on avait imaginé que, pour ne pas scandaliser les hérétiques dans leur métropole, il ne fallait plus confier cette place qu'à un homme à qui l'on ne pût reprocher l'orgueil, le luxe, la mollesse, dont les protestants accusent les prélats catholiques. Mais depuis longtemps il était difficile de trouver des saints qui, avec de l'esprit ou de la naissance, daignassent se contenter d'un petit siége. Celui qui occupait le siége d'Annecy en 1767 était un homme du peuple[188], élevé dans un séminaire de Paris, où il ne s'était distingué que par des mœurs austères, une dévotion minutieuse, et un fanatisme imbécile. Il écrivit au comte de Saint-Florentin pour l'engager à faire sortir de son diocèse, et par conséquent du royaume, Voltaire, qui faisait alors élever une église à ses frais, et répandait l'abondance dans un pays que la persécution contre les protestants avait dépeuplé. Mais l'évêque prétendait que le seigneur de Ferney avait fait dans l'église, après la messe, une exhortation morale contre le vol, et que les ouvriers employés par lui à construire cette église n'avaient pas déplacé une vieille croix avec assez de respect ; motifs bien graves pour chasser de sa patrie un vieillard qui en était la gloire, et l'arracher d'un asile où l'Europe s'empressait de lui apporter le tribut de son admiration ! Le ministre, n'eût-il fait que peser les noms et l'existence politique, ne pouvait être tenté de plaire à l'évêque ; mais il avertit Voltaire de se mettre à l'abri de ces délations, que l'union de l'évêque d'Annecy avec des prélats français plus accrédités pouvait rendre dangereuses.

C'est alors qu'il imagina de faire une communion solennelle[189], qui fut suivie d'une protestation publique de son respect pour l'Église, et de son mépris pour les calomniateurs : démarche inutile, qui annonçait plus de faiblesse que de politique, et que le plaisir de forcer son curé à l'administrer par la crainte des juges séculiers, et de dire juridiquement des injures à l'évêque d'Annecy, ne peut excuser aux yeux de l'homme libre et ferme qui pèse de sang-froid les droits de la vérité, et ce qu'exige la prudence lorsque des lois contraires à la justice naturelle rendent la vérité dangereuse et la prudence nécessaire.

Les prêtres perdirent le petit avantage qu'ils auraient pu tirer de cette scène singulière, en falsifiant la déclaration que Voltaire avait donnée.

Il n'avait plus alors sa retraite auprès de Genève. Il s'était lié à son arrivée avec les familles qui, par leur éducation, leurs opinions, leurs goûts, et leur fortune, étaient plus rapprochées de lui ; et ces familles avaient alors le projet d'établir une espèce d'aristocratie. Dans une ville sans territoire, où la force des citoyens peut se réunir avec autant de facilité et de promptitude que celle du gouvernement, un tel projet eût été absurde, si les citoyens riches n'avaient eu l'espérance d'employer en leur faveur une influence étrangère.

Les cabinets de Versailles et de Turin furent aisément séduits. Le sénat de Berne, intéressé à éloigner des yeux de ses sujets le spectacle de l'égalité républicaine, a pour politique constante de protéger autour de lui toutes les entreprises aristocratiques ; et partout, dans la Suisse, les magistrats oppresseurs sont sûrs de trouver en lui un protecteur ardent et fidèle : ainsi le misérable orgueil d'obtenir dans une petite ville une autorité odieuse, et d'être haï sans être respecté, priva les citoyens de Genève de leur liberté, et la république, de son indépendance. Les chefs du parti populaire employèrent l'arme du fanatisme, parce qu'ils avaient assez lu pour savoir quelle influence la religion avait eue autrefois dans les dissensions politiques, et qu'ils ne connaissaient pas assez leur siècle pour sentir jusqu'à quel point la raison, aidée du ridicule, avait émoussé cette arme jadis si dangereuse.

On parla donc de remettre en vigueur les lois qui défendaient aux catholiques d'avoir du bien dans le territoire genevois ; on reprocha aux magistrats leurs liaisons avec Voltaire, qui avait osé s'élever contre l'assassinat barbare de Servet, commandé au nom de Dieu par Calvin aux lâches et superstitieux sénateurs de Genève. Voltaire fut obligé de renoncer à sa maison des Délices.

Bientôt après, Rousseau établit dans *Émile* des principes qui révélaient aux citoyens de Genève toute l'étendue de leurs droits, et qui les appuyaient sur des vérités simples que tous les hommes pouvaient sentir, que tous devaient adopter. Les aristocrates voulurent l'en punir. Mais ils avaient besoin d'un prétexte ; ils prirent celui de la religion, et se réunirent aux prêtres, qui, dans tous les pays, indifférents à la forme de la constitution et à la liberté des hommes, promettent les secours du ciel au parti qui favorise le plus leur intolérance, et deviennent, suivant leurs intérêts, tantôt les appuis de la tyrannie d'un prince persécuteur ou d'un sénat superstitieux, tantôt les défenseurs de la liberté d'un peuple fanatique.

Exposé alternativement aux attaques des deux partis, Voltaire garda la neutralité ; mais il resta fidèle à sa haine pour les oppresseurs. Il favorisait la cause du peuple contre les magistrats, et celle des natifs contre les citoyens : car ces natifs, condamnés à ne jamais partager le droit de cité, se trouvaient plus malheureux depuis que les citoyens, plus instruits des principes du droit politique mais moins éclairés sur le droit naturel, se regardaient comme des souverains dont les natifs n'étaient que des sujets qu'ils se crevaient en droit de soumettre à cette même autorité arbitraire à laquelle ils trouvaient leurs magistrats si coupables de prétendre.

Voltaire fit donc un poëme[190] où il répandit le ridicule sur tous les partis, et auquel on ne peut reprocher que des vers contre Rousseau, dictés par une colère dont la justice des motifs qui l'inspiraient ne peut excuser ni l'excès ni les expressions. Mais, lorsque dans un tumulte les citoyens eurent tué quelques natifs, il s'empressa de recueillir à Ferney les familles que ces troubles forcèrent d'abandonner Genève ; et dans le moment où la banqueroute de l'abbé Terray, qui n'avait pas même l'excuse de la nécessité, et qui ne servit qu'à faciliter des dépenses honteuses, venait de lui enlever une partie de sa fortune, on le vit donner des secours à ceux qui n'avaient pas de ressources, bâtir pour les autres des maisons qu'il leur vendit à bas prix et en rentes viagères, en même temps qu'il sollicitait pour eux la bienfaisance du gouvernement, qu'il employait son crédit auprès des souverains, des ministres, des grands de toutes les nations, pour procurer du débit à cette manufacture naissante d'horlogerie, qui fut bientôt connue de toute l'Europe.

Cependant le gouvernement s'occupait d'ouvrir aux Genevois un asile à Versoy, sur les bords du lac. Là devait s'établir une ville où l'industrie et le commerce seraient libres, où un temple protestant s'élèverait vis-à-vis d'une église catholique. Voltaire avait fait adopter ce plan, mais le ministre n'eut pas le crédit d'obtenir une loi de liberté religieuse ; une tolérance secrète, bornée au temps de son ministère, était tout ce qu'il pouvait offrir ; et Versoy ne put exister.

L'année 1771 fut une des époques les plus difficiles de la vie de Voltaire. Le chancelier Maupeou et le duc d'Aiguillon, tous deux objets de la haine des parlements, se trouvaient forcés de les attaquer pour n'en être pas victimes. L'un ne pouvait s'élever au ministère, l'autre s'y conserver, sans la disgrâce du duc de Choiseul. Réunis à Mme Dubarry, que ce ministre avait eu l'imprudence de s'aliéner sans retour, ils persuadèrent au roi que son autorité méconnue ne pouvait se relever ; que l'État, sans cesse agité depuis la paix par les querelles parlementaires, ne pouvait reprendre sa tranquillité si, par un acte de vigueur, on ne marquait aux prétentions des corps de magistrature une limite qu'ils n'osassent plus franchir ; si l'on ne fixait un terme au delà duquel ils n'osassent plus opposer de résistance à la volonté royale.

Le duc de Choiseul ne pouvait s'unir à ce projet sans perdre cette opinion publique longtemps déclarée contre lui, alors son unique appui ; et cet avilissement forcé ne lui eût pas fait regagner la confiance du monarque, qui s'éloignait de lui. Il était donc vraisemblable que ses liaisons avec les parlements achèveraient de la lui faire perdre, et qu'il serait aisé de persuader, ou que son existence dans le ministère était le plus grand obstacle au succès des nouvelles mesures du gouvernement, ou qu'il cherchait à faire naître la guerre pour se conserver dans sa place malgré la volonté du roi.

L'attaque contre les parlements fut dirigée avec la même adresse. Tout ce qui pouvait intéresser la nation fut écarté. Le roi ne paraissait revendiquer que la plénitude du pouvoir législatif, pouvoir que la doctrine de la nécessité d'un enregistrement libre transférait non à la nation, mais aux parlements ; et il était aisé de voir que ce pouvoir, réuni à la puissance judiciaire la plus étendue, partagé entre douze tribunaux perpétuels, tendait à établir en France une aristocratie tyrannique plus dangereuse que la monarchie pour la sûreté, la liberté, la propriété des citoyens. On pouvait donc compter sur le suffrage des hommes éclairés, sur celui des gens de lettres que le parlement de Paris avait également blessés par la persécution et par le mépris, par son attachement aux préjugés, et par son obstination à rejeter toute lumière nouvelle.

Mais il est plus aisé de former avec adresse une intrigue politique que d'exécuter avec sagesse un plan de réforme. Plus les principes que l'autorité voulait établir effrayaient la liberté, plus elle devait montrer d'indulgence et de douceur envers les particuliers ; et l'on porta les rigueurs de détails jusqu'à un raffinement puéril. Un monarque paraît dur si, dans les punitions qu'il inflige, il ne respecte pas jusqu'au scrupule tout ce qui intéresse la santé, l'aisance, et même la sensibilité naturelle de ceux qu'il punit ; et, dans cette occasion, tous les égards étaient négligés. On refusait à un fils la permission d'embrasser son père mourant ; on retenait un homme dans un lieu insalubre[191], où il ne pouvait appeler sa famille sans l'exposer à partager ses dangers ; un malade obtenait avec peine la liberté de chercher dans la capitale des secours qu'elle seule peut offrir. Un gouvernement absolu, s'il montre de la crainte, annonce ou la défiance de ses forces, ou l'incertitude du monarque, ou l'instabilité des ministres ; et par là il encourage à la résistance. Et l'on montrait cette crainte en faisant dépendre le retour des exilés d'un consentement inutile dans l'opinion de ceux mêmes qui l'exigeaient.

Une opération salutaire ne change point de nature, si elle est exécutée avec dureté ; mais alors l'homme honnête et éclairé qui l'approuve, s'il se croit obligé de la défendre, ne la défend qu'à regret ; son âme révoltée n'a plus ni zèle ni chaleur pour un parti que ses chefs déshonorent. Ceux qui manquent de lumières passent de la haine pour le ministre à l'aversion des mesures qu'il soutient par l'oppression ; et la voix publique condamne ce que, laissée à elle-même, elle eût peut-être approuvé.

Le grand nombre de magistrats que cette révolution privait de leur état, le mérite et les vertus de quelques-uns, la foule des ministres subalternes de la justice liés à leur sort par honneur et par intérêt, ce penchant naturel qui porte les hommes à s'unir à la cause des persécutés, la haine non moins naturelle pour le pouvoir, tout devait à la fois rendre odieuses les opérations du ministère, et lui susciter des obstacles lorsque, forcé de remplacer les tribunaux qu'il voulait détruire, la force devenait inutile, et la confiance nécessaire.

Cependant la barbarie des lois criminelles, les vices révoltants des lois civiles, offraient aux auteurs de la révolution un moyen sûr de regagner l'opinion et de donner à ceux qui consentiraient à remplacer les parlements une excuse que l'honneur et le patriotisme auraient pu avouer hautement. Les ministres dédaignèrent ce moyen. Le parlement s'était rendu odieux à tous les hommes éclairés, par les obstacles qu'il opposait à la liberté d'écrire, par son fanatisme, dont le supplice récent du chevalier de La Barre était un exemple aux yeux de l'Europe entière. Mais, irrité des libelles publiés contre lui, effrayé des ouvrages où l'on attaquait ses principes, jaloux enfin de se faire un appui du clergé, le chancelier se plut à charger de nouvelles chaînes la liberté d'imprimer. La mémoire de La Barre ne fut pas réhabilitée[192], son ami[193] ne put obtenir une révision qui eût couvert d'opprobre ceux à qui le chef de la justice était pourtant si intéressé à ravir la faveur publique. La procédure criminelle subsista dans toute son horreur, et cependant huit jours auraient suffi pour rédiger une loi qui aurait supprimé la peine de mort si cruellement prodiguée, aboli toute espèce de torture, proscrit les supplices cruels ; qui aurait exigé une grande pluralité pour condamner, admis un certain nombre de récusations sans motif, accordé aux accusés le secours d'un conseil qui enfin leur aurait assuré la faculté de connaître et d'examiner tous les actes de la procédure, le droit de présenter des témoins, de faire entendre des faits justificatifs. La nation, l'Europe entière, auraient applaudi ; les magistrats dépossédés n'auraient plus été que les ennemis de ces innovations salutaires ; et leur chute, que l'époque où le souverain aurait recouvré la liberté de se livrer à ses vues de justice et d'humanité.

À la vérité, la vénalité des charges fut supprimée ; mais les juges étaient toujours nommés par la cour : on ne vit dans ce changement que la facilité de placer dans les tribunaux des hommes sans fortune, et plus faciles à séduire.

On diminua les ressorts les plus étendus, mais on n'érigea pas en parlement ces nouvelles cours ; on ne leur accorda point l'enregistrement, et par là on mit entre elles et les anciens tribunaux une différence, présage de leur destruction ; enfin on supprima les épices des juges, remplacées par des appointements fixes : seule opération que la raison put approuver tout entière.

Ceux qui conduisaient cette révolution parvinrent cependant à la consommer malgré une réclamation presque générale. Le duc de Choiseul, accusé de fomenter en secret la résistance un peu incertaine du parlement de Paris, et d'avoir retardé la conclusion d'une pacification entre l'Angleterre et l'Espagne, fut exilé dans ses terres. Le parlement, obligé de prendre par reconnaissance le parti de la fermeté, fut bientôt dispersé. Le duc d'Aiguillon devint ministre ; un nouveau tribunal remplaça le parlement. Quelques parlements de province eurent le sort de celui de Paris ; d'autres consentirent à rester, et sacrifièrent une partie de leurs membres. Tout se tut devant l'autorité, et il ne manqua au succès des ministres que l'opinion publique qu'ils bravaient, et qui au bout de quelques années eut le pouvoir de les détruire.

Voltaire haïssait le parlement de Paris, et aimait le duc de Choiseul ; il voyait dans l'un un ancien persécuteur que sa gloire avait aigri et n'avait pas désarmé ; dans l'autre, un bienfaiteur et un appui. Il fut fidèle à la reconnaissance, et constant dans ses opinions. Dans toutes ses lettres, il exprime ses sentiments pour le duc de Choiseul avec franchise, avec énergie ; et il n'ignorait pas que ses lettres (grâce à l'infâme usage de violer la foi publique) étaient lues par les ennemis du ministre exilé. Un joli conte, intitulé *Barmécide*[194], est le seul monument durable de l'intérêt que cette disgrâce avait excité. L'injustice avec laquelle les amis ou les partisans du ministre l'accusèrent d'ingratitude[195] fut un des chagrins les plus vifs que

Voltaire ait éprouvés. Il le fut d'autant plus que le ministre partagea cette injustice. En vain Voltaire tenta de le désabuser ; il invoqua vainement les preuves qu'il donnait de son attachement et de ses regrets.

<blockquote>Je l'ai dit à la terre, au ciel, à Guzman même[196],</blockquote>

écrivait-il dans sa douleur[197]. Mais il ne fut pas entendu.

Les grands, les gens en place, ont des intérêts, et rarement des opinions ; combattre celle qui convient à leurs projets actuels, c'est, à leurs yeux, se déclarer contre eux. Cet attachement à la vérité, l'une des plus fortes passions des esprits élevés et des âmes indépendantes, n'est pour eux qu'un sentiment chimérique. Ils croient qu'un raisonneur, un philosophe, n'a, comme eux, que des opinions du moment, professe ce qu'il veut, parce qu'il ne tient fortement à rien, et doit par conséquent changer de principes suivant les intérêts passagers de ses amis ou de ses bienfaiteurs. Ils le regardent comme un homme fait pour défendre la cause qu'ils ont embrassée, et non pour soutenir ses principes personnels ; pour servir sous eux, et non pour juger de la justice de la guerre. Aussi le duc de Choiseul et ses amis paraissaient-ils croire que Voltaire aurait dû, par respect pour lui, ou trahir ou cacher ses opinions sur des questions de droit public. Anecdote curieuse, qui prouve à quel point l'orgueil de la grandeur ou de la naissance peut faire oublier l'indépendance naturelle de l'esprit humain, et l'inégalité des esprits et des talents, plus réelle que celle des rangs et des places.

Voltaire voyait avec plaisir la destruction de la vénalité, celle des épices, la diminution du ressort immense du parlement de Paris, abus qu'il combattait par le raisonnement et le ridicule depuis plus de quarante années. Il préférait un seul maître à plusieurs ; un souverain dont on ne peut craindre que les préjugés, à une troupe de despotes dont les préjugés sont encore plus dangereux, mais dont on doit craindre de plus les intérêts et les petites passions, et qui, plus redoutables aux hommes ordinaires, le sont surtout à ceux dont les lumières les effrayent, et dont la gloire les irrite. Il disait : « J'ai les reins peu flexibles ; je consens à faire une révérence, mais cent de suite me fatiguent. »

Il applaudit donc à ces changements ; et parmi les hommes éclairés qui partageaient son opinion, il osa seul la manifester. Sans doute il ne pouvait se dissimuler avec quelle petitesse de moyens et de vues on avait laissé échapper cette occasion si heureuse de réformer la législation française, de rendre aux esprits la liberté, aux hommes leurs droits ; de proscrire à la fois l'intolérance et la barbarie ; de faire enfin de ce moment l'époque d'une révolution heureuse pour la nation, glorieuse pour le prince et ses ministres. Mais Voltaire était aussi trop pénétrant pour ne pas sentir que si les lois étaient les mêmes, les tribunaux étaient changés ; que si même ils avaient hérité de l'esprit de leurs prédécesseurs, ils n'avaient pu hériter de leur crédit ni de leur audace ; que la nouveauté, en leur étant ce respect aveugle du vulgaire pour tout ce qui porte la rouille de l'antiquité, leur ôtait une grande partie de leur puissance ; que l'opinion seule pouvait la leur rendre, et que, pour obtenir son suffrage, il ne leur restait plus d'autre moyen que d'écouter la raison, et de s'unir aux ennemis des préjugés, aux amis de l'humanité.

L'approbation que Voltaire accorda aux opérations du chancelier Maupeou fut du moins utile aux malheureux. S'il ne put obtenir justice pour la mémoire de l'infortuné La Barre ; s'il ne put rendre le jeune d'Étallonde à sa patrie ; si un ménagement pusillanime pour le clergé l'emporta dans le ministre sur l'intérêt de sa gloire, du moins Voltaire eut le bonheur de sauver la femme de Montbailly. Cet infortuné, faussement accusé d'un parricide, avait péri sur la roue ; sa femme était condamnée à la mort ; elle supposa une grossesse, et eut le bonheur d'obtenir un sursis.

Nos tribunaux viennent de rejeter une loi sage qui, mettant entre le jugement et l'exécution un intervalle dont l'innocence peut profiter, eût prévenu presque toutes leurs injustices ; et ils l'ont refusée avec une humeur qui suffit pour en prouver la nécessité[198]. Les femmes seules, en se déclarant grosses, échappent aux dangers de ces exécutions précipitées. Dans l'espace de moins de vingt ans, ce moyen a sauvé la vie à trois personnes innocentes, sur lesquelles des circonstances particulières ont attiré la curiosité publique ; autre preuve de l'utilité de cette loi, à laquelle un orgueil barbare peut seul s'opposer, et qui doit subsister jusqu'au temps où l'expérience aura prouvé que la législation nouvelle (qui sans doute va bientôt remplacer l'ancienne) n'expose l'innocence à aucun danger.

On revit le procès de la femme Montbailly : le conseil d'Artois qui l'avait condamnée la déclara innocente, et, plus noble ou moins orgueilleux que le parlement de Toulouse, il pleura sur le malheur irréparable d'avoir fait périr un innocent ; il s'imposa lui-même le devoir d'assurer des jours paisibles à l'infortunée dont il avait détruit le bonheur.

Si Voltaire n'avait montré son zèle que contre des injustices liées à des événements publics, ou à la cause de la tolérance, on eût pu l'accuser de vanité ; mais son zèle fut le même pour cette cause obscure à laquelle son nom seul a donné de l'éclat.

C'est ainsi qu'on a vu depuis un magistrat, enlevé trop tôt à ses amis et aux malheureux[199] intéresser l'Europe à la cause de trois paysans de Champagne, et obtenir par son éloquence et par la persécution une gloire brillante et durable, pour prix d'un zèle que le sentiment de l'humanité, l'amour de la justice, avaient seuls inspiré. Les hommes incapables de ces actions ne manquent jamais de les attribuer au désir de la renommée ; ils ignorent quelles angoisses le spectacle d'une injustice fait éprouver à une âme fière et sensible, à quel point il tourmente la mémoire et la pensée, combien il fait sentir le besoin impérieux de prévenir ou de réparer le crime ; ils ne connaissent point ce trouble, cette horreur involontaire qu'excite dans tous les sens la vue, l'idée seule d'un oppresseur triomphant ou impuni : et l'on doit plaindre ceux qui ont pu croire que l'auteur d'*Alzire* et de *Brutus* avait besoin de la gloire d'une bonne action pour défendre l'innocence et s'élever contre la tyrannie.

Une nouvelle occasion de venger l'humanité outragée s'offrit à lui. La servitude, solennellement abolie en France par Louis Hutin, subsistait encore sous Louis XV dans plusieurs provinces. En vain avait-on plus d'une fois formé le projet de l'abolir. L'avarice et l'orgueil avaient opposé à la justice une résistance qui avait fatigué la paresse du gouvernement. Les tribunaux supérieurs, composés de nobles, favorisaient les prétentions des seigneurs.

Ce fléau affligeait la Franche-Comté, et particulièrement le territoire du couvent de Saint-Claude. Ces moines, sécularisés en 1742, ne devaient qu'à des titres faux la plupart de leurs droits de mainmorte, et les exerçaient avec une rigueur qui réduisait à la misère un peuple sauvage, mais bon et industrieux. À la mort de chaque habitant, si ses enfants n'avaient pas constamment habité la maison paternelle, le fruit de ses travaux appartenait aux moines. Les enfants, la veuve, sans meubles, sans habits, sans domicile, passaient du sein d'une vie laborieuse et paisible à toutes les horreurs de la mendicité. Un étranger mourait-il après un an de séjour sur cette terre frappée de l'anathème féodal, son bien appartenait encore aux moines. Une fille n'héritait pas de son père, si on pouvait prouver qu'elle eût passé la nuit de ses noces hors de la maison paternelle.

Ce peuple souffrait sans oser se plaindre, et voyait, avec une douleur muette, passer aux mains des moines ses épargnes, qui auraient dû fournir à l'industrie et à la culture des capitaux utiles. Heureusement la construction d'une grande route ouvrit une communication entre eux et les cantons voisins. Ils apprirent qu'au pied du mont Jura il existait un homme dont la voix intrépide avait plus d'une fois fait retentir les plaintes de l'opprimé jusque dans le palais des rois, et dont le nom seul faisait pâlir la tyrannie sacerdotale. Ils lui peignirent leurs maux, et ils eurent un appui[200].

La France, l'Europe entière, connurent les usurpations et la dureté de ces prêtres hypocrites qui osaient se dire les disciples d'un Dieu humilié, et voulaient conserver des esclaves. Mais, après plusieurs années de sollicitations, on ne put obtenir du timide successeur de M. de Maupeou un arrêt du conseil qui proscrivit cette lâche violation des droits de l'humanité : il n'osa, par ménagement pour le parlement de Besançon, soustraire à son jugement une cause qui ne pouvait être regardée comme un procès ordinaire sans reconnaître honteusement la légitimité de la servitude. Les serfs de Saint-Claude furent renvoyés devant un tribunal[201] dont les membres, seigneurs de terres où la servitude est établie, se firent un plaisir barbare de resserrer leurs fers ; et ces fers subsistent encore[202].

Ils ont seulement obtenu, en 1778, de pouvoir, en abandonnant leur patrie et leurs chaumières, se soustraire à l'empire monacal. Mais un autre article de cette même loi a plus que compensé ce bienfait si faible pour des infortunés que la pauvreté, plus que la loi, attache à leur terre natale. C'est dans ce même édit que le souverain a donné pour la première fois le nom et le caractère sacré de propriété à des droits odieux, regardés, même au milieu de l'ignorance et de la barbarie du XIIIe siècle, comme des usurpations que ni le temps ni les titres ne pouvaient rendre légitimes ; et un ministre hypocrite a fait dépendre la liberté de l'esclave, non de la justice des lois, mais de la volonté de ses tyrans.

Qui croirait, en lisant ces détails, que c'est ici la vie d'un grand poëte, d'un écrivain fécond et infatigable ? Nous avons oublié sa gloire littéraire, comme il l'avait oubliée lui-même. Il semblait n'en plus connaître qu'une seule, celle de venger l'humanité, et d'arracher des victimes à l'oppression.

Cependant son génie, incapable de souffrir le repos, s'exerçait dans tous les genres qu'il avait embrassés, et même osait en essayer de nouveaux. Il imprimait des tragédies auxquelles on peut sans doute reprocher de la faiblesse, et qui ne pouvaient plus arracher les applaudissements d'un parterre que lui-même avait rendu si difficile, mais où l'homme de lettres peut admirer de beaux vers et des idées philosophiques et profondes, tandis que le jeune homme qui se destine au théâtre peut encore y étudier les secrets de son art ; des contes où ce genre, borné jusqu'alors à présenter des images voluptueuses ou plaisantes qui amusent l'imagination ou réveillent la gaieté, prit un caractère plus philosophique, et devint, comme l'apologue, une école de morale et de raison ; des épîtres où, si on les compare à ses premiers ouvrages, l'on trouve moins de correction, un ton moins soutenu et une poésie moins brillante, mais aussi plus de simplicité et de variété, une philosophie plus usuelle et plus libre, un plus grand nombre de ces traits d'un sens profond que produit l'expérience de la vie ; des satires enfin où les préjugés et leurs protecteurs sont livrés au ridicule sous mille formes piquantes.

En même temps il donnait, dans sa *Philosophie de l'Histoire*[203], des leçons aux historiens, en bravant la haine des pédants, dont il dévoilait la stupide crédulité et l'envieuse admiration pour les temps antiques. Il perfectionnait son *Essai sur les Mœurs et l'Esprit des nations*, son *Siècle de Louis XIV*, et y ajoutait l'*Histoire du Siècle de Louis XV* ; histoire incomplète, mais exacte, la seule où l'on puisse prendre une idée des événements de ce règne, et où l'on trouve toute la vérité que l'on peut espérer dans une histoire contemporaine, qui ne doit être ni une dénonciation ni un libelle.

De nouveaux romans, des ouvrages ou sérieux ou plaisants, inspirés par les circonstances, n'ajoutaient pas à sa gloire, mais continuaient à la rendre toujours présente, soutenaient l'intérêt de ses partisans, et humiliaient cette foule d'ennemis secrets qui, pour se refuser à l'admiration que l'Europe leur commandait, prenaient le masque de l'austérité.

Enfin il entreprit de rassembler, sous la forme de dictionnaire, toutes les idées, toutes les vues qui s'offraient à lui sur les divers objets de ses réflexions, c'est-à-dire sur l'universalité presque entière des connaissances humaines. Dans ce recueil, intitulé modestement *Questions* à des *amateurs sur l'Encyclopédie*[204], il parle tour à tour de théologie et de grammaire, de physique et de littérature ; il discute tantôt des points d'antiquité, tantôt des questions de politique, de législation, de droit public. Son style, toujours animé et piquant, répand sur ces objets divers un charme dont jusqu'ici lui seul a connu le secret, et qui naît surtout de l'abandon avec lequel, cédant à son premier mouvement, proportionnant son style moins à son sujet qu'à la disposition actuelle de son esprit, tantôt il répand le ridicule sur des objets qui semblent ne pouvoir inspirer que l'horreur, et bientôt après, entraîné par l'énergie et la sensibilité de son âme, il tonne avec force contre les abus dont il vient de plaisanter. Ailleurs il s'irrite contre le mauvais goût, s'aperçoit bientôt que son indignation doit être réservée pour de plus grands intérêts, et finit par rire de sa propre colère. Quelquefois il interrompt une discussion de morale ou de politique par une observation de littérature, et, au milieu d'une leçon de goût, il laisse échapper quelques maximes d'une philosophie profonde, ou s'arrête pour livrer au fanatisme ou à la tyrannie une attaque terrible et soudaine.

L'intérêt constant que prit Voltaire au succès de la Russie contre les Turcs mérite d'être remarqué. Comblé des bontés de l'impératrice, sans doute la reconnaissance animait son zèle ; mais on se tromperait si on imaginait qu'elle en fût l'unique cause. Supérieur à ces politiques de comptoir qui prennent l'intérêt de quelques marchands connus dans les bureaux pour l'intérêt du commerce, et l'intérêt du commerce pour l'intérêt du genre humain ; non moins supérieur à ces vaines idées d'équilibre de l'Europe, si chères aux compilateurs politiques, il voyait dans la destruction de l'empire turc des millions d'hommes assurés du moins d'éviter, sous le despotisme d'un souverain, le despotisme insupportable d'un peuple ; il voyait renvoyer dans les climats infortunés qui les ont vues naître ces mœurs tyranniques de l'Orient qui condamnent un sexe entier à un honteux esclavage. D'immenses contrées, placées sous un beau ciel, destinées par la nature à se couvrir des productions les plus utiles à l'homme, auraient été rendues à l'industrie de leurs habitants ; ces pays[205], les premiers où l'homme ait eu du génie, auraient vu renaître dans leur sein les arts dont ils ont donné les modèles les plus parfaits, les sciences dont ils ont posé les fondements.

Sans doute les spéculations routinières de quelques marchands auraient été dérangées, leurs profits auraient diminué ; mais le bien-être réel de tous les peuples aurait augmenté, parce qu'on ne peut étendre sur le globe l'espace où fleurit la culture, où le commerce est sûr, où l'industrie est active, sans augmenter pour tous les hommes la masse des jouissances et des ressources. Pourquoi voudrait-on qu'un philosophe préférât la richesse de quelques nations à la liberté d'un peuple entier, le commerce de quelques villes au progrès de la culture et des arts dans un grand empire ? Loin de nous ces vils calculateurs qui veulent ici tenir la Grèce dans les fers des Turcs ; là, enlever des hommes, les vendre comme de vils troupeaux, les obliger à force de coups à servir leur insatiable avarice, et qui calculent gravement les prétendus millions que rapportent ces outrages à la nature.

Que partout les hommes soient libres, que chaque pays jouisse des avantages que lui a donnés la nature ; voilà ce que demande l'intérêt commun de tous les peuples, de ceux qui reprendraient leurs droits comme de ceux où quelques individus, et non la nation, ont profité du malheur d'autrui. Qu'importe auprès de ces grands objets, et des biens éternels qui naîtraient de cette grande révolution, la ruine de quelques hommes avides qui avaient fondé leur fortune sur les larmes et le sang de leurs semblables ?

Voilà ce que devait penser Voltaire, voilà ce que pensait M. Turgot.

On a parlé de l'injustice d'une guerre contre les Turcs. Peut-on être injuste envers une horde de brigands qui tiennent dans les fers un peuple esclave, à qui leur avide férocité prodigue les outrages ? Qu'ils rentrent dans ces déserts dont la faiblesse de l'Europe leur a permis de sortir, puisque dans leur brutal orgueil ils ont continué à former une race de tyrans, et qu'enfin la patrie de ceux à qui nous devons nos lumières, nos arts, nos vertus même, cesse d'être déshonorée par la présence d'un peuple qui unit les vices infâmes de la mollesse à la férocité des peuples sauvages. Vous craignez pour la balance de l'Europe, comme si ces conquêtes ne devaient pas diminuer la force des conquérants, au lieu de l'augmenter ; comme si l'Asie ne devait pas longtemps offrir à des ambitieux une proie facile qui les dégoûterait des conquêtes hasardeuses qu'ils pourraient tenter en Europe ! Ce n'est point la politique des princes, ce sont les lumières des peuples civilisés qui garantiront à jamais l'Europe des invasions ; et plus la civilisation s'étendra sur la terre, plus on en verra disparaître la guerre et les conquêtes, comme l'esclavage et la misère.

Louis XV mourut[206]. Ce prince, qui depuis longtemps bravait dans sa conduite les préceptes de la morale chrétienne, ne s'était cependant jamais élevé au-dessus des terreurs religieuses. Les menaces de la religion revenaient l'effrayer à l'apparence du moindre danger ; mais il croyait qu'une promesse de continence, si facile à faire sur un lit de mort, et quelques paroles d'un prêtre, pouvaient expier les fautes d'un règne de soixante ans. Plus timide encore que superstitieux, accoutumé par le cardinal de Fleury à regarder la liberté de penser comme une cause de trouble dans les États, ou du moins d'embarras pour les gouvernements, ce fut malgré lui que, sous son règne, la raison humaine fit en France des progrès rapides. Celui qui y travaillait avec le plus d'éclat et de succès était devenu l'objet de sa haine. Cependant il respectait en lui la gloire de la France, et ne voyait pas sans orgueil l'admiration de l'Europe placer un de ses sujets au premier rang des hommes illustres. Sa mort ne changea rien au sort de Voltaire, et M. de Maurepas joignait aux préjugés de Fleury une haine plus forte encore pour tout ce qui s'élevait au-dessus des hommes ordinaires.

Voltaire avait prodigué à Louis XV, jusqu'à son voyage en Prusse, des éloges exagérés, sans pouvoir le désarmer ; il avait gardé un silence presque absolu depuis cette époque où les malheurs et les fautes de ce règne auraient rendu ses louanges avilissantes. Il osa être juste envers lui après sa mort[207], dans l'instant où la nation presque entière semblait se plaire à déchirer sa mémoire ; et on a remarqué que les philosophes, qu'il ne protégea jamais, furent alors les seuls qui montrassent quelque impartialité, tandis que des prêtres[208] chargés de ses bienfaits insultaient à ses faiblesses.

Le nouveau règne offrit bientôt à Voltaire des espérances qu'il n'avait osé former. M. Turgot fut appelé au ministère[209]. Voltaire connaissait ce génie vaste et profond qui, dans tous les genres de connaissances, s'était créé des principes sûrs et précis auxquels il avait attaché toutes ses opinions, d'après lesquelles il dirigeait toute sa conduite ; gloire qu'aucun autre homme d'État n'a mérité de partager avec lui. Il savait qu'à une âme passionnée pour la vérité et pour le bonheur des hommes M. Turgot unissait un courage supérieur à toutes les craintes, une grandeur de caractère au-dessus de toutes les dissimulations ; qu'à ses yeux les plus grandes places n'étaient qu'un moyen d'exécuter ses vues salutaires, et ne lui paraîtraient plus qu'un vil esclavage s'il perdait cette espérance. Enfin il savait qu'affranchi de tous les préjugés, et haïssant en eux les ennemis les plus dangereux du genre humain, M. Turgot regardait la liberté de penser et d'imprimer comme un droit de chaque citoyen, un droit des nations entières, dont les progrès de la raison peuvent seuls appuyer le bonheur sur une base inébranlable.

Voltaire vit dans la nomination de M. Turgot l'aurore du règne de cette raison si longtemps méconnue, plus longtemps persécutée ; il osa espérer la chute rapide des préjugés, la destruction de cette politique lâche et tyrannique qui, pour flatter l'orgueil ou la paresse des gens en place, condamnait le peuple à l'humiliation et à la misère.

Cependant ses tentatives en faveur des serfs du mont Jura furent inutiles, et il essaya vainement d'obtenir pour d'Étallonde et pour la mémoire du chevalier de La Barre cette justice éclatante que l'humanité et l'honneur national exigeaient également. Ces objets étaient étrangers au département des finances ; et cette supériorité de lumières, de caractère et de vertu, que M. Turgot ne pouvait cacher, lui avait fait de tous les autres ministres, de tous les intrigants subalternes, autant d'ennemis qui, n'ayant à combattre en lui ni ambition ni projets personnels, s'acharnaient contre tout ce qu'ils croyaient d'accord avec ses vues justes et bienfaisantes.

On ne pouvait d'ailleurs rendre la liberté aux serfs du mont Jura sans blesser le parlement de Besançon ; la révision du procès d'Abbeville eût humilié celui de Paris ; et une politique maladroite avait rétabli les anciens parlements, sans profiter de leur destruction et du peu de crédit de ceux qui les avaient remplacés pour porter dans les lois et dans les tribunaux une réforme entière dont tous les hommes instruits sentaient la nécessité. Mais un ministère faible et ennemi des lumières n'osa ou ne voulut pas saisir cette occasion, où le bien eût encore moins trouvé d'obstacles que dans l'instant si honteusement manqué par le chancelier Maupeou.

C'est ainsi que, par complaisance pour les préjugés des parlements, le ministère laissa perdre pour la réforme de l'éducation les avantages que lui offrait la destruction des jésuites. On n'avait même pris, en 1774, aucune précaution pour empêcher la renaissance des querelles qui, en 1770, avaient amené la destruction de la magistrature. On n'avait eu qu'un seul objet, l'avantage de s'assurer une reconnaissance personnelle qui donnât aux auteurs du changement un moyen d'employer utilement contre leurs rivaux de puissance le crédit des corps dont le rétablissement était leur ouvrage.

Ainsi le seul avantage que Voltaire put obtenir du ministère de M. Turgot fut de soustraire le petit pays de Gex à la tyrannie des fermes. Séparé de la France par des montagnes, ayant une communication facile avec Genève et la Suisse, cette malheureuse contrée ne pouvait être assujettie au régime fiscal sans devenir le théâtre d'une guerre éternelle entre les employés du fisc et les habitants, sans payer des frais de perception plus onéreux que la valeur même des impositions. Le peu d'importance de cette opération aurait dû la rendre facile. Cependant elle était depuis longtemps inutilement sollicitée par M. de Voltaire.

Une partie des provinces de la France ont échappé par différentes causes au joug de la ferme générale, ou ne l'ont porté qu'à moitié ; mais les fermiers ont souvent avancé leurs limites, enveloppé dans leurs chaînes des cantons isolés que des priviléges féodaux avaient longtemps défendus. Ils croyaient que leur dieu *Terme,* comme celui des Romains, ne devait reculer jamais, et que son premier pas en arrière serait le présage de la destruction de l'empire. Leur opposition ne pouvait balancer, auprès de M. Turgot, une opération juste et bienfaisante qui, sans nuire au fisc, soulageait les citoyens, épargnait des injustices et des crimes, rappelait dans un canton dévasté la prospérité et la paix.

Le pays de Gex fut donc affranchi moyennant une contribution de trente mille livres, et Voltaire put écrire à ses amis, en parodiant un vers de *Mithridate*[210] :

> Et mes derniers regards ont vu fuir les *commis.*

Les édits de 1776 auraient augmenté le respect de Voltaire pour M. Turgot si, d'avance, il n'avait pas senti son âme et connu son génie. Ce grand homme d'État avait vu que, placé à la tête des finances dans un moment où gêné par la masse de la dette, par les obstacles que les courtisans et le ministre prépondérant opposaient à toute grande réforme dans l'administration, à toute économie importante, il ne pouvait diminuer les impôts, et il voulut du moins soulager le peuple et dédommager les propriétaires, en leur rendant les droits dont un régime oppresseur les avait privés[211].

Les corvées, qui portaient la désolation dans les campagnes, qui forçaient le pauvre à travailler sans salaire, et enlevaient à l'agriculture les chevaux du laboureur, furent changées en un impôt payé par les seuls propriétaires. Dans toutes les villes, de ridicules corporations faisaient acheter à une partie de leurs habitants le droit de travailler ; ceux qui subsistaient par leur industrie ou par le commerce étaient obligés de vivre sous la servitude d'un certain nombre de privilégiés, ou de leur payer un tribut. Cette institution absurde disparut[212], et le droit de faire un usage libre de leurs bras ou de leur temps fut restitué aux citoyens.

La liberté du commerce des grains, celle du commerce des vins ; l'une gênée par des préjugés populaires, l'autre par des priviléges tyranniques, extorqués par quelques villes, fut rendue aux propriétaires ; et ces lois sages devaient accélérer les progrès de la culture, et multiplier les richesses nationales en assurant la subsistance du peuple.

Mais ces édits bienfaiteurs furent le signal de la perte du ministre qui avait osé les concevoir. On souleva contre eux les parlements, intéressés à maintenir les jurandes, source féconde de procès lucratifs ; non moins attachés au régime réglementaire, qui était pour eux un moyen d'agiter l'esprit du peuple ; irrités de voir porter sur les propriétaires riches le fardeau de la construction des chemins, sans espérer qu'une lâche condescendance continuât d'alléger pour eux le poids des subsides, et surtout effrayés de la prépondérance que semblait acquérir un ministre dont l'esprit populaire les menaçait de la chute de leur pouvoir.

Cette ligue servit l'intrigue des ennemis de M. Turgot, et on vit alors combien la manière dont ils avaient rétabli les tribunaux était utile à leurs desseins secrets, et funeste à la nation. On apprit alors combien il est dangereux pour un ministre de vouloir le bien du peuple ; et peut-être qu'en remontant à l'origine des événements on trouverait que la chute même des ministres réellement coupables a eu pour cause le bien qu'ils ont voulu faire, et non le mal qu'ils ont fait.

Voltaire vit, dans le malheur de la France, la destruction des espérances qu'il avait conçues pour les progrès de la raison humaine. Il avait cru que l'intolérance, la superstition, les préjugés absurdes qui infectaient toutes les branches de la législation, toutes les parties de l'administration, tous les états de la société, disparaîtraient devant un ministre ami de la justice, de la liberté, et des lumières. Ceux qui l'ont accusé d'une basse flatterie, ceux qui lui ont reproché avec amertume l'usage qu'il a fait, trop souvent peut-être, de la louange pour adoucir les hommes puissants, et les forcer à être humains et justes, peuvent comparer ces louanges à celles qu'il donnait à M. Turgot, surtout à cette *Épître à un Homme* qu'il lui adressa[213] au moment de sa disgrâce. Ils distingueront alors l'admiration sentie de ce qui n'est qu'un compliment, et ce qui vient de l'âme de ce qui n'est qu'un jeu d'imagination ; ils verront que Voltaire n'a eu d'autre tort que d'avoir cru

Voltaire encensant les rois, les ministres, pour les attirer à la cause de la vérité, et Voltaire célébrant le génie et la vertu, n'a pas le même langage. Ne veut-il que louer, il prodigue les charmes de son imagination brillante, il multiplie ces idées ingénieuses qui lui sont si familières ; mais rend-il un hommage avoué par son cœur, c'est son âme qui s'échappe, c'est sa raison profonde qui prononce. Dans son voyage à Paris, son admiration pour M. Turgot perçait dans tous ses discours ; c'était l'homme qu'il opposait à ceux qui se plaignaient à lui de la décadence de notre siècle, c'était à lui que son âme accordait son respect. Je l'ai vu se précipiter sur ses mains, les arroser de ses larmes, les baiser malgré ses efforts, et s'écriant d'une voix entrecoupée de sanglots : *Laissez-moi baiser cette main qui a signé le salut du peuple*[214].

Depuis longtemps Voltaire désirait de revoir sa patrie, et de jouir de sa gloire au milieu du même peuple témoin de ses premiers succès, et trop souvent complice de ses envieux. M. de Villette venait d'épouser à Ferney Mlle de Varicour, d'une famille noble du pays de Gex, que ses parents avaient confiée à Mme Denis ; Voltaire les suivit à Paris[215], séduit en partie par le désir de faire jouer devant lui la tragédie d'*Irène,* qu'il venait d'achever. Le secret avait été gardé ; la haine n'avait pas eu le temps de préparer ses poisons, et l'enthousiasme public ne lui permit pas de se montrer. Une foule d'hommes, de femmes de tous les rangs, de toutes les professions, à qui ses vers avaient fait verser de douces larmes, qui avaient tant de fois admiré son génie sur la scène et dans ses ouvrages, qui lui devaient leur instruction, dont il avait guéri les préjugés, à qui il avait inspiré une partie de ce zèle contre le fanatisme dont il était dévoré, brûlaient du désir de voir le grand homme qu'ils admiraient. La jalousie se tut devant une gloire qu'il était impossible d'atteindre, devant le bien qu'il avait fait aux hommes. Le ministère, l'orgueil épiscopal, furent obligés de respecter l'idole de la nation. L'enthousiasme avait passé jusque dans le peuple ; on s'arrêtait devant ses fenêtres ; on y passait des heures entières, dans l'espérance de le voir un moment ; sa voiture, forcée d'aller au pas, était entourée d'une foule nombreuse qui le bénissait et célébrait ses ouvrages.

L'Académie française, qui ne l'avait adopté qu'à cinquante-deux ans[216], lui prodigua les honneurs, et le reçut moins comme un égal que comme le souverain de l'empire des lettres[217]. Les enfants de ces courtisans orgueilleux qui l'avaient vu avec indignation vivre dans leur société sans bassesse, et qui se plaisaient à humilier en lui la supériorité de l'esprit et des talents, briguaient l'honneur de lui être présentés, et de pouvoir se vanter de l'avoir vu.

C'était au théâtre, où il avait régné si longtemps, qu'il devait attendre les plus grands honneurs. Il vint à la troisième[218] représentation d'Irène, pièce faible, à la vérité, mais remplie de beautés, et où les rides de l'âge laissaient encore voir l'empreinte sacrée du génie. Lui seul attira les regards d'un peuple avide de démêler ses traits, de suivre ses mouvements, d'observer ses gestes. Son buste fut couronné sur le théâtre, au milieu des applaudissements, des cris de joie, des larmes d'enthousiasme et d'attendrissement. Il fut obligé, pour sortir, de percer la foule entassée sur son passage ; faible, se soutenant à peine, les gardes qu'on lui avait donnés pour l'aider lui étaient inutiles ; à son approche on se retirait avec une respectueuse tendresse ; chacun se disputait la gloire de l'avoir soutenu un moment sur l'escalier ; chaque marche lui offrait un secours nouveau, et on ne souffrait pas que personne s'arrogeât le droit de le soutenir trop longtemps.

Les spectateurs le suivirent jusque dans son appartement : les cris de *vive Voltaire ! vive la Henriade ! vive Mahomet ! vive la Pucelle !* retentissaient autour de lui. On se précipitait à ses pieds, on baisait ses vêtements. Jamais homme n'a reçu des marques plus touchantes de l'admiration, de la tendresse publique ; jamais le génie n'a été honoré par un hommage plus flatteur. Ce n'était point à sa puissance, c'était au bien qu'il avait fait, que s'adressait cet hommage. Un grand poëte n'aurait eu que des applaudissements ; les larmes coulaient sur le philosophe qui avait brisé les fers de la raison et vengé la cause de l'humanité.

L'âme sublime et passionnée de Voltaire fut attendrie de ces tributs de respect et de zèle. *On veut me faire mourir de plaisir,* disait-il ; mais c'était le cri de la sensibilité, et non l'adresse de l'amour-propre. Au milieu des hommages de l'Académie française, il était frappé surtout de la possibilité d'y introduire une philosophie plus hardie. « On me traite mieux que je ne mérite, me disait-il un jour. Savez-vous que je ne désespère point de faire proposer l'éloge de Coligny ? »

Il s'occupait, pendant les représentations d'*Irène,* à revoir son *Essai* sur les Mœurs et l'Esprit des nations, *et à y porter de nouveaux coups au fanatisme. Au milieu des acclamations du théâtre, il avait observé, avec un plaisir secret, que les vers les plus applaudis étaient ceux où il attaquait la superstition et les noms qu'elle a consacrés. C'était vers cet objet qu'il reportait tout ce qu'il recevait d'hommages. Il voyait dans l'admiration générale la preuve de l'empire qu'il avait exercé sur les esprits, de la chute des préjugés, qui était son ouvrage.*

Paris possédait en même temps le célèbre Franklin, qui, dans un autre hémisphère, avait été aussi l'apôtre de la philosophie et de la tolérance.

Comme Voltaire, il avait souvent employé l'arme de la plaisanterie, qui corrige la folie humaine, et apprend à en voir la perversité comme une folie plus funeste, mais digne aussi de pitié. Il avait honoré la philosophie par le génie de la physique, comme Voltaire par celui de la poésie. Franklin achevait de délivrer les vastes contrées de l'Amérique du joug de l'Europe, et Voltaire de délivrer l'Europe du joug des anciennes théocraties de l'Asie. Franklin s'empressa devoir un homme dont la gloire occupait depuis longtemps les deux mondes : Voltaire, quoiqu'il eût perdu l'habitude de parler anglais, essaya de soutenir la conversation dans cette langue ; puis bientôt reprenant la sienne : « Je n'ai pu résister au désir de parler un moment la langue de M. Franklin. »

Le philosophe américain lui présenta son petit-fils, en demandant pour lui sa bénédiction : « *God and liberty*[219], dit Voltaire, voilà la seule bénédiction qui convienne au petit-fils de M. Franklin. » Ils se revirent à une séance publique de l'Académie des sciences[220] ; le public contemplait avec attendrissement, placés à côté l'un de l'autre, ces deux hommes nés dans des mondes différents, respectables par leur vieillesse, par leur gloire, par l'emploi de leur vie, et jouissant tous deux de l'influence qu'ils avaient exercée sur leur siècle. Ils s'embrassèrent au bruit des acclamations ; on a dit que c'était Solon qui embrassait Sophocle. Mais le Sophocle français avait détruit l'erreur, et avancé le règne de la raison ; et le Solon de Philadelphie, appuyant sur la base inébranlable des droits des hommes la constitution de son pays, n'avait point à craindre de voir pendant sa vie même ses lois incertaines préparer des fers à son pays, et ouvrir la porte à la tyrannie.

L'âge n'avait point affaibli l'activité de Voltaire, et les transports de ses compatriotes semblaient la redoubler encore. Il avait formé le projet de réfuter tout ce que le duc de Saint-Simon[221], dans ses Mémoires encore secrets, avait accordé à la prévention et à la haine, dans la crainte que ces Mémoires, auxquels la probité reconnue de l'auteur, son état, son titre de contemporain, pouvaient donner quelque autorité, ne parussent dans un temps où personne ne fût assez voisin des événements pour défendre la vérité et confondre l'erreur.

En même temps il avait déterminé l'Académie française à faire son dictionnaire sur un nouveau plan[222]. Ce plan consistait à suivre l'histoire de chaque mot depuis l'époque où il avait paru dans la langue, de marquer les sens divers qu'il avait eus dans les différents siècles, les acceptions différentes qu'il avait reçues ; d'employer, pour faire sentir ces différentes nuances, non des phrases faites au hasard, mais des exemples choisis dans les auteurs qui avaient eu le plus d'autorité. On aurait eu alors le véritable dictionnaire littéraire et grammatical de la langue ; les étrangers, et même les Français, y auraient appris à en connaître toutes les finesses.

Ce dictionnaire aurait offert aux gens de lettres une lecture instructive qui eût contribué à former le goût, qui eût arrêté les progrès de la corruption. Chaque académicien devait se charger d'une lettre de l'alphabet. Voltaire avait pris l'A[223] ; et pour exciter ses confrères, pour montrer combien il était facile d'exécuter ce plan, il voulait en peu de mois terminer la partie dont il s'était chargé.

Tant de travaux avaient épuisé ses forces. Un crachement de sang, causé par les efforts qu'il avait faits pendant les répétitions d'*Irène,* l'avait affaibli. Cependant l'activité de son âme suffisait à tout, et lui cachait sa faiblesse réelle. Enfin, privé du sommeil par l'effet de l'irritation d'un travail trop continu, il voulut s'en assurer quelques heures pour être en état de faire adopter à l'Académie, d'une manière irrévocable, le plan du dictionnaire, contre lequel quelques objections s'étaient élevées, et il résolut de prendre de l'opium. Son esprit avait toute sa force ; son âme, toute son impétuosité, et toute sa mobilité naturelle ; son caractère, toute son activité et toute sa gaieté, lorsqu'il prit le calmant qu'il croyait nécessaire. Ses amis l'avaient vu se livrer, dans la soirée même, à toute sa haine contre les préjugés, l'exhaler avec éloquence, et, bientôt après, ne plus les envisager que du côté ridicule, s'en moquer avec cette grâce et ces rapprochements singuliers qui caractérisaient ses plaisanteries. Mais il prit de l'opium[224] à plusieurs reprises, et se trompa sur les doses, vraisemblablement dans l'espèce d'ivresse que les premières avaient produite. Le même accident lui était arrivé près de trente ans auparavant, et avait fait craindre pour sa vie. Cette fois, ses forces épuisées ne suffirent point pour combattre le poison. Depuis longtemps il souffrait des douleurs de vessie, et, dans l'affaiblissement général de ses organes, celui qui déjà était affecté contracta bientôt un vice incurable.

À peine, dans le long intervalle entre cet accident funeste et sa mort, pouvait-il reprendre sa tête pendant quelques moments de suite, et sortir de la léthargie où il était plongé. C'est pendant un de ces intervalles qu'il écrivit au jeune comte de Lally, déjà si célèbre par son courage, et qui depuis a mérité de l'être par son éloquence et son patriotisme, ces lignes, les dernières que sa main ait tracées, où il applaudissait à l'autorité royale, dont la justice venait d'anéantir un des attentats du despotisme parlementaire. Enfin il expira le 30 de mai 1778[225].

Grâce aux progrès de la raison et au ridicule répandu sur la superstition, les habitants de Paris sont, tant qu'ils se portent bien, à l'abri de la tyrannie des prêtres ; mais ils y retombent dès qu'ils sont malades. L'arrivée de Voltaire avait allumé la colère des fanatiques, blessé l'orgueil des chefs de la hiérarchie ecclésiastique ; mais en même temps elle avait inspiré à quelques prêtres l'idée de bâtir leur réputation et leur fortune sur la conversion de cet illustre ennemi. Sans doule ils ne se flattaient pas de le convaincre, mais ils espéraient le résoudre à dissimuler. Voltaire, qui désirait pouvoir rester à Paris sans y être troublé par les délations sacerdotales, et qui, par une vieille habitude de sa jeunesse, croyait utile, pour l'intérêt même des amis de la raison, que des scènes d'intolérance ne suivissent point ses derniers moments, envoya chercher dès sa première maladie un aumônier des Incurables qui lui avait offert ses services[226], et qui se vantait d'avoir réconcilié avec l'Église l'abbé de L'Attaignant, connu par des scandales d'un autre genre.

L'abbé Gaultier confessa Voltaire, et reçut de lui une profession de foi par laquelle il déclarait qu'il mourait dans la religion catholique où il était né.

À cette nouvelle, qui scandalisa un peu plus les hommes éclairés qu'elle n'édifia les dévots, le curé de Saint-Sulpice courut chez son paroissien, qui le reçut avec politesse, et lui donna, suivant l'usage, une aumône honnête pour ses pauvres. Mais, jaloux que l'abbé Gaultier l'eût gagné de vitesse, il trouva que l'aumônier des Incurables avait été trop facile ; qu'il aurait fallu exiger une profession de foi plus détaillée, un désaveu exprès de toutes les doctrines contraires à la foi que Voltaire avait pu être accusé de soutenir. L'abbé Gaultier prétendait qu'on aurait tout perdu en voulant tout avoir. Pendant cette dispute, Voltaire guérit ;

on joua *Irène,* et la conversion fut oubliée. Mais au moment de la rechute le curé revint, bien déterminé à ne pas enterrer Voltaire s'il n'obtenait pas cette rétractation si désirée.

Ce curé[227] était un de ces hommes moitié hypocrites, moitié imbéciles, parlant avec la persuasion stupide d'un énergumène, agissant avec la souplesse d'un jésuite, humble dans ses manières jusqu'à la bassesse, arrogant dans ses prétentions sacerdotales, rampant auprès des grands, charitable pour cette populace dont on dispose avec des aumônes, et fatiguant les simples citoyens de son impérieux fanatisme. Il voulait absolument faire reconnaître au moins à Voltaire la divinité de Jésus-Christ, à laquelle il s'intéressait plus qu'aux autres dogmes. Il le tira un jour de sa léthargie en lui criant aux oreilles : « Croyez-vous à la divinité de Jésus-Christ ? — Au nom de Dieu, monsieur, ne me parlez plus de cet homme-là, et laissez-moi mourir en repos », répondit Voltaire.

Alors le prêtre annonça qu'il ne pouvait s'empêcher de lui refuser la sépulture. Il n'en avait pas le droit : car, suivant les lois, ce refus doit être précédé d'une sentence d'excommunication, ou d'un jugement séculier. On peut même appeler comme d'abus de l'excommunication. La famille, en se plaignant au parlement, eût obtenu justice. Mais elle craignit le fanatisme de ce corps, la haine de ses membres pour Voltaire, qui avait tonné tant de fois contre ses injustices, et combattu ses prétentions. Elle ne sentit point que le parlement ne pouvait, sans se déshonorer, s'écarter des principes qu'il avait suivis en faveur des jansénistes, qu'un grand nombre de jeunes magistrats n'attendaient qu'une occasion d'effacer, par quelque action éclatante, ce reproche de fanatisme qui les humiliait, de s'honorer en donnant une marque de respect à la mémoire d'un homme de génie qu'ils avaient eu le malheur de compter parmi leurs ennemis, et démontrer qu'ils aimaient mieux réparer leurs injustices que venger leurs injures. La famille ne sentit pas combien lui donnait de force cet enthousiasme que Voltaire avait excité, enthousiasme qui avait gagné toutes les classes de la nation, et qu'aucune autorité n'eût osé attaquer de front.

On préféra de négocier avec le ministère. N'osant ni blesser l'opinion publique en servant la vengeance du clergé, ni déplaire aux prêtres en les forçant de se conformer aux lois, ni les punir en érigeant un monument public au grand homme dont ils troublaient si lâchement les cendres, et en le dédommageant des honneurs ecclésiastiques, qu'il méritait si peu, par des honneurs civiques dus à son génie et au bien qu'il avait fait à la nation, les ministres approuvèrent la proposition de transporter le corps de Voltaire dans l'église d'un monastère dont son neveu[228] était abbé, il fut donc conduit à Scellières. Les prêtres étaient convenus de ne pas troubler l'exécution de ce projet. Cependant deux grandes dames, très-dévotes, écrivirent à l'évêque de Troyes pour l'engager à s'opposer à l'inhumation, en qualité d'évêque diocésain. Mais, heureusement pour l'honneur de l'évêque, ces lettres arrivèrent trop tard, et Voltaire fut enterré.

L'Académie française était dans l'usage de faire un service aux Cordeliers pour chacun de ses membres. L'archevêque de Paris, Beaumont, si connu par son ignorance et son fanatisme, défendit de faire ce service. Les cordeliers obéirent à regret, sachant bien que les confesseurs de Beaumont lui pardonnaient la vengeance, et ne lui prêchaient pas la justice. L'Académie résolut alors de suspendre cet usage jusqu'à ce que l'insulte faite au plus illustre de ses membres eût été réparée. Ainsi Beaumont servit malgré lui à détruire une superstition ridicule.

Cependant le roi de Prusse ordonna pour Voltaire un service solennel dans l'église catholique de Berlin. L'Académie de Prusse y fut invitée de sa part ; et, ce qui était plus glorieux pour Voltaire, dans le camp même où à la tête de cent cinquante mille hommes il défendait les droits des princes de l'Empire, et en imposait à la puissance autrichienne, il écrivit l'éloge de l'homme illustre dont il avait été le disciple et l'ami, et qui peut-être ne lui avait jamais pardonné l'indigne et honteuse violence exercée contre lui à Francfort par ses ordres, mais vers lequel un sentiment d'admiration et un goût naturel le ramenaient sans cesse, même malgré lui. Cet éloge était une bien noble compensation de l'indigne vengeance des prêtres.

De tous les attentats contre l'humanité, que dans les temps d'ignorance et de superstition les prêtres ont obtenu le pouvoir de commettre avec impunité, celui qui s'exerce sur des cadavres est sans doute le moins nuisible ; et, à des yeux philosophiques, leurs outrages ne peuvent paraître qu'un titre de gloire. Cependant le respect pour les restes des personnes qu'on a chéries n'est point un préjugé : c'est un sentiment inspiré par la nature même, qui a mis au fond de nos cœurs une sorte de vénération religieuse pour tout ce qui nous rappelle des êtres que l'amitié ou la reconnaissance nous ont rendus sacrés. La liberté d'offrir à leurs dépouilles ces tristes hommages est donc un droit précieux pour l'homme sensible ; et l'on ne peut sans injustice lui enlever la liberté de choisir ceux que son cœur lui dicte, encore moins lui interdire cette consolation au gré d'une caste intolérante qui a usurpé, avec une audace trop longtemps soufferte, le droit de juger et de punir les pensées.

D'ailleurs son empire sur l'esprit de la populace n'est pas encore détruit ; un chrétien privé de la sépulture est encore, aux yeux du petit peuple, un homme digne d'horreur et de mépris, et cette horreur dans les âmes soumises aux préjugés s'étend jusque sur sa famille. Sans doute si la haine des prêtres ne poursuivait que des hommes immortalisés par des chefs-d'œuvre, dont le nom a fatigué la renommée, dont la gloire doit embrasser tous les siècles, on pourrait leur pardonner leurs impuissants efforts ; mais leur haine peut s'attacher à des victimes moins illustres ; et tous les hommes ont les mêmes droits.

Le ministère, un peu honteux de sa faiblesse, crut échapper au mépris public en empêchant de parler de Voltaire dans les écrits ou dans les endroits où la police est dans l'usage de violer la liberté, sous prétexte d'établir le bon ordre, qu'elle confond trop souvent avec le respect pour les sottises établies ou protégées.

On défendit aux papiers publics de parler de sa mort[229], et les comédiens eurent ordre de ne jouer aucune de ses pièces[230]. Les ministres ne songèrent pas que de pareils moyens d'empêcher qu'on ne s'irritât contre leur faiblesse ne serviraient qu'à en donner une nouvelle preuve, et montreraient qu'ils n'avaient ni le courage de mériter l'approbation publique, ni celui de supporter le blâme.

Ce simple récit des événements de la vie de Voltaire a fait assez connaître son caractère et son âme : la bienfaisance, l'indulgence pour les faiblesses, la haine de l'injustice et de l'oppression, en forment les principaux traits. On peut le compter parmi le très-petit nombre des hommes en qui l'amour de l'humanité a été une véritable passion. Cette passion, la plus noble de toutes, n'a été connue que dans nos temps modernes : elle est née du progrès des lumières, et sa seule existence suffit pour confondre les aveugles partisans de l'antiquité, et les calomniateurs de la philosophie.

Mais les heureuses qualités de Voltaire étaient souvent égarées par une mobilité naturelle que l'habitude de faire des tragédies avait encore augmentée. Il passait en un instant de la colère à l'attendrissement, de l'indignation à la plaisanterie. Né avec des passions violentes, elles l'entraînèrent trop loin quelquefois ; et sa mobilité le priva des avantages ordinaires aux âmes passionnées, la fermeté dans la conduite, et ce courage que la crainte ne peut arrêter quand il faut agir, et qui ne s'ébranle point par la présence du danger qu'il a prévu. On l'a vu souvent s'exposer à l'orage presque avec témérité, rarement on l'a vu le braver avec constance : et ces alternatives d'audace et de faiblesse ont souvent affligé ses amis, et préparé d'indignes triomphes à ses lâches ennemis.

Il fut constant dans l'amitié. Celle qui le liait à Génonville, au président de Maisons, à Formont, à Cideville, à la marquise du Châtelet, à d'Argental, à d'Alembert[231], troublée par des nuages passagers, ne se termina que par la mort. On voit dans ses ouvrages que peu d'hommes sensibles ont conservé aussi longtemps que lui le souvenir des amis qu'ils ont perdus dans la jeunesse.

On lui a reproché ses nombreuses querelles ; mais dans aucune il n'a été l'agresseur ; mais ses ennemis, ceux du moins pour lesquels il fut irréconciliable, ceux qu'il dévoua au mépris public, ne s'étaient point bornés à des attaques personnelles ; ils s'étaient rendus ses délateurs auprès des fanatiques, et avaient voulu appeler sur sa tête le glaive de la persécution. Il est affligeant sans doute d'être obligé de placer dans cette liste des hommes d'un mérite réel : le poëte Rousseau, les deux Pompignan[232], Larcher, et même Rousseau de Genève. Mais n'est-il pas plus excusable de porter trop loin, dans sa vengeance, les droits de la défense naturelle, et d'être injuste en cédant à une colère dont le motif est légitime, que de violer les lois de l'humanité en compromettant les droits, la liberté, la sûreté d'un citoyen, pour satisfaire son orgueil, ses projets d'hypocrisie, ou son attachement opiniâtre à ses opinions ?

On a reproché à Voltaire son acharnement contre Maupertuis ; mais cet acharnement ne se borna-t-il pas à couvrir de ridicule un homme qui, par de basses intrigues, avait cherché à le déshonorer et à le perdre, et qui, pour se venger de quelques plaisanteries, avait appelé à son secours la puissance d'un roi irrité par ses insidieuses délations ?

On a prétendu que Voltaire était jaloux, et on y a répondu par ce vers de *Tancrède*[233] :

> De qui dans l'univers peut-il être jaloux ?

Mais, dit-on, *il l'était de Buffon.* Quoi ! l'homme dont la main puissante ébranlait les antiques colonnes du temple de la Superstition, et qui aspirait à changer en hommes ces vils troupeaux qui gémissaient depuis si longtemps sous la verge sacerdotale, eût-il été jaloux de la peinture heureuse et brillante des mœurs de quelques animaux, ou de la combinaison plus ou moins adroite de quelques vains systèmes démentis par les faits ?

Il l'était de J.-J. Rousseau : il est vrai que sa hardiesse excita celle de Voltaire ; mais le philosophe qui voyait le progrès des lumières adoucir, affranchir, et perfectionner l'espèce humaine, et qui jouissait de cette révolution comme de son ouvrage, était-il jaloux de l'écrivain éloquent qui eût voulu condamner l'esprit humain à une ignorance éternelle ? L'ennemi de la superstition était-il jaloux de celui qui, ne trouvant plus assez de gloire à détruire les autels, essayait vainement de les relever ?

Voltaire ne rendit pas justice aux talents de Rousseau, parce que son esprit juste et naturel avait une répugnance involontaire pour les opinions exagérées, que le ton de l'austérité lui présentait une teinte d'hypocrisie dont la moindre nuance devait révolter son âme indépendante et franche ; qu'enfin, accoutumé à répandre la plaisanterie sur tous les objets, la gravité dans les petits détails des passions ou de la vie humaine lui paraissait toujours un peu ridicule. Il fut injuste, parce que Rousseau l'avait irrité en répondant par des injures à des offres de service ; parce que Rousseau, en l'accusant de le persécuter lorsqu'il prenait sa défense, se permettait de le dénoncer lui-même aux persécuteurs.

Il était jaloux de Montesquieu : mais il avait à se plaindre de l'auteur de *l'Esprit des lois,* qui affectait pour lui de l'indifférence, et presque du mépris, moitié par une morgue maladroite, moitié par une politique timide : et cependant ce mot célèbre de Voltaire : *L'humanité avait perdu ses titres, Montesquieu les a retrouvés et les lui a rendus*[234], est encore le plus bel éloge de *l'Esprit des Lois* ; et ce mot passe même les bornes de la justice. Il n'est vrai du moins que pour la France, puisque, sans parler des ouvrages d'Althusius[235] et de quelques autres, les droits de l'humanité sont réclamés avec plus de force et de franchise dans Locke et dans Sidney que dans Montesquieu.

Voltaire a souvent critiqué *l'Esprit des Lois,* mais presque toujours avec justice. Et, ce qui prouve qu'il a eu raison de combattre Montesquieu, c'est que nous voyons aujourd'hui les préjugés les plus absurdes et les plus funestes s'appuyer de l'autorité de cet homme célèbre, et que, si le progrès des lumières n'avait enfin brisé le joug de toute espèce d'autorité dans les questions qui ne doivent être soumises qu'à la raison, l'ouvrage de Montesquieu ferait aujourd'hui plus de mal à la France qu'il n'a pu faire de bien à l'Europe. L'enthousiasme de ses partisans a été porté jusqu'à dire que Voltaire n'était pas en état de le juger, ni même de l'entendre. Irrité du ton de ces critiques, il a pu mêler quelque teinte d'humeur à ses justes observations. N'est-elle pas justifiée par une hauteur si ridicule ?

La mode d'accuser Voltaire de jalousie était même parvenue au point que l'on attribuait à ce sentiment, et ses sages observations sur l'ouvrage d'Helvétius, que, par respect pour un philosophe persécuté, il avait eu la délicatesse de ne publier qu'après sa mort, et jusqu'à sa colère contre le succès éphémère de quelques mauvaises tragédies : comme si on ne pouvait être blessé, sans aucun retour sur soi-même, de ces réputations usurpées, souvent si funestes aux progrès des arts et de la philosophie. Combien, dans un autre genre, les louanges prodiguées à Richelieu, à Colbert, et à quelques autres ministres, n'ont-elles pas arrêté la marche de la raison dans les sciences politiques !

En lisant les ouvrages de Voltaire, on voit que personne n'a possédé peut-être la justesse d'esprit à un plus haut degré. Il la conserve au milieu de l'enthousiasme poétique, comme dans l'ivresse de la gaieté ; partout elle dirige son goût et règle ses opinions : et c'est une des principales causes du charme inexprimable que ses ouvrages ont pour tous les bons esprits. Aucun esprit n'a pu peut-être embrasser plus d'idées à la fois, n'a pénétré avec plus de sagacité tout ce qu'un seul instant peut saisir, n'a montré même plus de profondeur dans tout ce qui n'exige pas ou une longue analyse, ou une forte méditation. Son coup d'œil d'aigle a plus d'une fois étonné ceux mêmes qui devaient à ces moyens des idées plus approfondies, des combinaisons plus vastes et plus précises. Souvent, dans la conversation, on le voyait en un instant choisir entre plusieurs idées, les ordonner à la fois, et, pour la clarté et pour l'effet, les revêtir d'une expression heureuse et brillante.

De là ce précieux avantage d'être toujours clair et simple, sans jamais être insipide, et d'être lu avec un égal plaisir, et par le peuple des lecteurs, et par l'élite des philosophes. En le lisant avec réflexion, on trouve dans ses ouvrages une foule de maximes d'une philosophie profonde et vraie qui échappent aux lecteurs superficiels, parce qu'elles ne commandent point l'attention, et qu'elles n'exigent aucun effort pour être entendues.

Si on le considère comme poëte, on verra que, dans tous les genres où il s'est essayé, l'ode et la comédie sont les seuls où il n'ait pas mérité d'être placé au premier rang. Il ne réussit point dans la comédie, parce qu'il avait, comme on l'a déjà remarqué, le talent de saisir le ridicule des opinions, et non celui des caractères, qui, pouvant être mis en action, est le seul propre à la comédie. Ce n'est pas que dans un pays où la raison humaine serait affranchie de toutes ses lisières, où la philosophie serait populaire, on ne pût mettre avec succès sur le théâtre des opinions à la fois dangereuses et absurdes ; mais ce genre de liberté n'existe encore pour aucun peuple.

La poésie lui doit la liberté de pouvoir s'exercer dans un champ plus vaste ; et il a montré comment elle peut s'unir avec la philosophie, de manière que la poésie, sans rien perdre de ses grâces, s'élève à de nouvelles beautés, et que la philosophie, sans sécheresse et sans enflure, conserve son exactitude et sa profondeur.

On ne peut lire son théâtre sans observer que l'art tragique lui doit les seuls progrès qu'il ait faits depuis Racine ; et ceux mêmes qui lui refuseraient la supériorité ou l'égalité du talent de la poésie ne pourraient, sans aveuglement ou sans injustice, méconnaître ces progrès. Ses dernières tragédies prouvent qu'il était bien éloigné de croire avoir atteint le but de cet art si difficile. Il sentait que l'on pouvait encore rapprocher davantage la tragédie de la nature, sans lui rien ôter de sa pompe et de sa noblesse ; qu'elle peignait encore trop souvent des mœurs de convention, que les femmes y parlaient trop de leur amour, qu'il fallait les offrir sur le théâtre comme elles sont dans la société, ne montrant d'abord leur passion que par les efforts qu'elles font pour la cacher, et ne s'y abandonnant que dans les moments où l'excès du danger et du malheur ne permet plus de rien ménager. Il croyait que des hommes simples, grands par leur seul caractère, étrangers à l'intérêt et à l'ambition, pouvaient offrir une source de beautés nouvelles, donner à la tragédie plus de variété et de vérité. Mais il était trop faible pour exécuter ce qu'il avait conçu ; et, si l'on excepte le rôle du père d'Irène, ses dernières tragédies sont plutôt des leçons que des modèles.

Si donc un homme de génie, dans les arts, est surtout celui qui, en les enrichissant de nouveaux chefs-d'œuvre, en a reculé les bornes, quel homme a plus mérité que Voltaire ce titre, qui lui a été cependant refusé par des écrivains, la plupart trop éloignés d'avoir du génie pour sentir ce qui en est le vrai caractère ?

C'est à Voltaire que nous devons d'avoir conçu l'histoire sous un point de vue plus vaste, plus utile que les anciens. C'est dans ses écrits qu'elle est devenue, non le récit des événements, le tableau des révolutions d'un peuple, mais celui de la nature humaine tracé d'après les faits, mais le résultat philosophique de l'expérience de tous les siècles et de toutes les nations. C'est lui qui le premier a introduit dans l'histoire la véritable critique, qui a montré le premier que la probabilité naturelle des événements devait entrer dans la balance avec la probabilité des témoignages, et que l'historien philosophe doit non-seulement rejeter les faits miraculeux, mais peser avec scrupule les motifs de croire ceux qui s'écartent de l'ordre commun de la nature.

Peut-être a-t-il abusé quelquefois de cette règle si sage qu'il avait donnée, et dont le calcul peut rigoureusement démontrer la vérité. Mais on lui devra toujours d'avoir débarrassé l'histoire de cette foule de faits extraordinaires adoptés sans preuves, qui, frappant, davantage les esprits, étouffaient les événements les plus naturels et les mieux constatés ; et, avant lui, la plupart des hommes ne savaient de l'histoire que les fables qui la défigurent. Il a prouvé que les absurdités du polythéisme n'avaient jamais été chez les grandes nations que la religion du vulgaire, et que la croyance d'un Dieu unique, commune a tous les peuples, n'avait pas eu besoin d'être révélée par des moyens surnaturels. Il a montré que tous les peuples ont reconnu les grands principes de la morale, toujours d'autant plus pure que les hommes ont été plus civilisés et plus éclairés. Il nous a fait voir que souvent l'influence des religions a corrompu la morale, et que jamais elle ne l'a perfectionnée.

Comme philosophe, c'est lui qui le premier a présenté le modèle d'un simple citoyen embrassant dans ses vœux et dans ses travaux tous les intérêts de l'homme dans tous les pays et dans tous les siècles, s'élevant contre toutes les erreurs, contre toutes les oppressions, défendant, répandant toutes les vérités utiles.

L'histoire de ce qui s'est fait en Europe en faveur de la raison et de l'humanité est celle de ses travaux et de ses bienfaits. Si l'usage absurde et dangereux d'enterrer les morts dans l'enceinte des villes, et même dans les temples, a été aboli dans quelques contrées ; si, dans quelques parties du continent de l'Europe, les hommes échappent par l'inoculation à un fléau qui menace la vie et souvent détruit le bonheur ; si le clergé des pays soumis à la religion romaine a perdu sa dangereuse puissance, et va perdre[236] ses scandaleuses richesses ; si la liberté de la presse y a fait quelques progrès ; si la Suède, la Russie, la Pologne, la Prusse, les États de la maison d'Autriche, ont vu disparaître une intolérance tyrannique ; si même en France, et dans quelques États d'Italie, on a osé lui porter quelques atteintes ; si les restes honteux de la servitude féodale ont été ébranlés en Russie, en Danemark, en Bohème, et en France ; si la Pologne même en sent aujourd'hui l'injustice et le danger ; si les lois absurdes et barbares de presque tous les peuples ont été abolies, ou sont menacées d'une destruction prochaine ; si partout on a senti la nécessité de réformer les lois et les tribunaux ; si, dans le continent de l'Europe, les hommes ont senti qu'ils avaient le droit de se servir de leur raison ; si les préjugés religieux ont été détruits dans les premières classes de la société, ; affaiblis dans les cours et dans le peuple ; si leurs défenseurs ont été réduits à la honteuse nécessité d'en soutenir l'utilité politique ; si l'amour de l'humanité est devenu le langage commun de tous les gouvernements ; si les guerres sont devenues moins fréquentes ; si on n'ose plus leur donner pour prétexte l'orgueil des souverains ou des prétentions que la rouille des temps a couvertes ; si l'on a vu tomber tous les masques imposteurs sous lesquels des castes privilégiées étaient en possession de tromper les hommes ; si pour la première fois la raison commence à répandre sur tous les peuples de l'Europe un jour égal et pur ; partout, dans l'histoire de ces changements, on trouvera le nom de Voltaire, presque partout on le verra ou commencer le combat ou décider la victoire.

Mais, obligé presque toujours de cacher ses intentions, de masquer ses attaques, si ses ouvrages sont dans toutes les mains, les principes de sa philosophie sont peu connus.

L'erreur et l'ignorance sont la cause unique des malheurs du genre humain, et les erreurs superstitieuses sont les plus funestes, parce qu'elles corrompent toutes les sources de la raison, et que leur fatal enthousiasme instruit à commettre le crime sans remords. La douceur des mœurs, compatible avec toutes les formes de gouvernement, diminue les maux que la raison doit un jour guérir, et en rend les progrès plus faciles. L'oppression prend elle-même le caractère des mœurs chez un peuple humain ; elle conduit plus rarement à de grandes barbaries ; et dans un pays où l'on aime les arts, et surtout les lettres, on tolère par respect pour elles la liberté de penser, qu'on n'a point encore le courage d'aimer pour elle-même.

Il faut donc chercher à inspirer ces vertus douces qui consolent, qui conduisent à la raison, qui sont à la portée de tous les hommes, qui conviennent à tous les âges de l'humanité, et dont l'hypocrisie même fait encore quelque bien. Il faut surtout les préférer à ces vertus austères, qui dans les âmes ordinaires ne subsistent guère sans un mélange de dureté, dont l'hypocrisie est à la fois si facile et si dangereuse, qui souvent effrayent les tyrans, mais qui rarement consolent les hommes ; dont enfin la nécessité prouve le malheur des nations de qui elles embellissent l'histoire.

C'est en éclairant les hommes, c'est en les adoucissant qu'on peut espérer de les conduire à la liberté par un chemin sûr et facile. Mais on ne peut espérer ni de répandre les lumières ni d'adoucir les mœurs, si des guerres fréquentes accoutument à verser le sang humain sans remords, et à mépriser la gloire des talents paisibles ; si, toujours occupés d'opprimer ou de se défendre, les hommes mesurent leur vertu par le mal qu'ils ont pu faire, et font de l'art de détruire le premier des arts utiles.

Plus les hommes seront éclairés, plus ils seront libres[237], et il leur en coûtera moins pour y parvenir. Mais n'avertissons point les oppresseurs de former une ligue contre la raison, cachons-leur l'étroite et nécessaire union des lumières et de la liberté, ne leur apprenons point d'avance qu'un peuple sans préjugés est bientôt un peuple libre.

Tous les gouvernements, si on en excepte les théocraties, ont un intérêt présent de régner sur un peuple doux, et de commander à des hommes éclairés. Ne les avertissons pas qu'ils peuvent avoir un intérêt plus éloigné à laisser les hommes dans l'abrutissement ; ne les obligeons pas à choisir entre l'intérêt de leur orgueil, et celui de leur repos et de leur gloire. Pour leur faire aimer la raison, il faut qu'elle se montre à eux toujours douce, toujours paisible ; qu'en demandant leur appui, elle leur offre le sien, loin de les effrayer par des menaces imprudentes. En attaquant les oppresseurs avant d'avoir éclairé les citoyens, on risquera de perdre la liberté et d'étouffer la raison. L'histoire offre la preuve de cette vérité. Combien de fois, malgré les généreux efforts des amis de la liberté, une seule bataille n'a-t-elle pas réduit des nations à une servitude de plusieurs siècles ?

De quelle liberté même ont joui les nations qui l'ont recouvrée par la violence des armes, et non par la force de la raison ? d'une liberté passagère, et tellement troublée par des orages qu'on peut presque douter qu'elle ait été pour elles un véritable avantage. Presque toutes n'ont-elles pas confondu les formes républicaines avec la jouissance de leurs droits, et la tyrannie de plusieurs avec la liberté ? Combien de lois injustes et contraires aux droits de la nature ont déshonoré le code de toutes les nations qui ont recouvré leur liberté dans les siècles où la raison était encore dans l'enfance ?

Pourquoi ne pas profiter de cette expérience funeste, et savoir attendre des progrès des lumières une liberté plus réelle, plus durable, et plus paisible ? pourquoi acheter par des torrents de sang, par des bouleversements inévitables, et livrer au hasard, ce que le temps doit amener sûrement et sans sacrifice ? C'est pour être plus libre, c'est pour l'être toujours qu'il faut attendre le moment où les hommes, affranchis de leurs préjugés, guidés par la raison, seront enfin dignes de l'être, parce qu'ils connaîtront les véritables droits de la liberté.

Quel sera donc le devoir d'un philosophe ? Il attaquera la superstition, il montrera aux gouvernements la paix, la richesse, la puissance, comme l'infaillible récompense des lois qui assurent la liberté religieuse ; il les éclairera sur tout ce qu'ils ont à craindre des prêtres, dont la secrète influence menacera toujours le repos des nations où la liberté d'écrire n'est pas entière : car peut-être, avant l'invention de l'imprimerie, était-il impossible de se soustraire à ce joug, aussi honteux que funeste ; et, tant que l'autorité sacerdotale n'est pas anéantie par la raison, il ne reste point de milieu entre un abrutissement absolu et des troubles dangereux.

Il fera voir que, sans la liberté de penser, le même esprit, dans le clergé, ramènerait les mêmes assassinats, les mêmes supplices, les mêmes proscriptions, les mêmes guerres civiles ; que c'est seulement en éclairant les peuples qu'on peut mettre les citoyens et les princes à l'abri de ces attentats sacrés. Il montrera que des hommes qui veulent se rendre les arbitres de la morale, substituer leur autorité à la raison, leurs oracles à la conscience, loin de donner à la morale une base plus solide en l'unissant à des croyances religieuses, la corrompent et la détruisent, et cherchent non à rendre les hommes vertueux, mais à en faire les instruments aveugles de leur ambition et de leur avarice ; et, si on lui demande ce qui remplacera les préjugés qu'il a détruits, il répondra : « Je vous ai délivrés d'une bête féroce qui vous dévorait, et vous demandez ce que je mets à la place[238] ! »

Et, si on lui reproche de revenir trop souvent sur les mêmes objets, d'attaquer avec acharnement des erreurs trop méprisables, il répondra qu'elles sont dangereuses tant que le peuple n'est pas désabusé, et que, s'il est moins dangereux de combattre les erreurs populaires que d'enseigner aux sages des vérités nouvelles, il faut, lorsqu'il s'agit de briser les fers de la raison, d'ouvrir un chemin libre à la vérité, savoir préférer l'utilité à la gloire.

Au lieu de montrer que la superstition est l'appui du despotisme, s'il écrit pour des peuples soumis à un gouvernement arbitraire, il prouvera qu'elle est l'ennemie des rois ; et, entre ces deux vérités, il insistera sur celle qui peut servir la cause de l'humanité, et non sur celle qui peut y nuire, parce qu'elle peut être mal entendue.

Au lieu de déclarer la guerre au despotisme avant que la raison ait rassemblé assez de force, et d'appeler à la liberté des peuples qui ne savent encore ni la connaître ni l'aimer, il dénoncera aux nations et à leurs chefs toutes ces oppressions de détail communes à toutes les constitutions, et que, dans toutes, ceux qui commandent comme ceux qui obéissent, ont également intérêt de détruire. Il parlera d'adoucir et de simplifier les lois, de réprimer les vexations des traitants, de détruire les entraves dans lesquelles une fausse politique enchaîne la liberté et l'activité des citoyens, afin que du moins il ne manque au bonheur des hommes que d'être libres, et que bientôt on puisse présenter à la liberté des peuples plus dignes d'elle.

Tel est le résultat de la philosophie de Voltaire, et tel est l'esprit de tous ses ouvrages.

Que des hommes qui, s'il n'avait pas écrit, seraient encore les esclaves des préjugés, ou trembleraient d'avouer qu'ils en ont secoué le joug, accusent Voltaire d'avoir trahi la cause de la liberté, parce qu'il l'a défendue sans fanatisme et sans imprudence ; qu'ils le jugent d'après une disposition des esprits, postérieure de dix ans à sa mort, et d'un demi-siècle à sa philosophie, d'après des opinions qui sans lui n'auraient jamais été qu'un secret entre les sages ; qu'ils le condamnent pour avoir distingué le bien qui peut exister sans la liberté, du bonheur qui naît de la liberté même ; qu'ils ne voient pas que si Voltaire eût mis dans ses premiers ouvrages philosophiques les principes du vieux Brutus, c'est-à-dire ceux de l'acte d'indépendance des Américains, ni Montesquieu, ni Rousseau, n'auraient pu écrire leurs ouvrages ; que si, comme l'auteur du *Système de la Nature*, il eût invité les rois de l'Europe à maintenir le crédit des prêtres, l'Europe serait encore superstitieuse, et resterait longtemps esclave ; qu'ils ne sentent pas que dans les écrits comme dans la conduite il ne faut déployer que le courage qui peut être utile : peu importe à la gloire de Voltaire. C'est par les hommes éclairés qu'il doit être jugé, par ceux qui savent distinguer, dans une suite d'ouvrages différents par leur forme, par leur style, par leurs principes mêmes, le plan secret d'un philosophe qui fait aux préjugés une guerre courageuse, mais adroite ; plus occupé de les vaincre que de montrer son génie, trop grand pour tirer vanité de ses opinions, trop ami des hommes pour ne pas mettre sa première gloire à leur être utile.

Voltaire a été accusé d'aimer trop le gouvernement d'un seul, et cette accusation ne peut en imposer qu'à ceux qui n'ont pas lu ses ouvrages. Il est vrai qu'il haïssait davantage le despotisme aristocratique, qui joint l'austérité à l'hypocrisie, et une tyrannie plus dure à une morale plus perverse ; il est vrai qu'il n'a jamais été la dupe des corps de magistrature de France, des nobles suédois et polonais, qui appelaient liberté le joug sous lequel ils voulaient écraser le peuple : et cette opinion de Voltaire a été celle de tous les philosophes qui ont cherché la définition d'un état libre dans leur cœur et dans leur raison, et non, comme le pédant Mably, dans les exemples des anarchies tyranniques de l'Italie et de la Grèce.

On l'accuse d'avoir trop loué le faste de la cour de Louis XIV : cette accusation est fondée. C'est le seul préjugé de sa jeunesse qu'il ait conservé. Il y a bien peu d'hommes qui puissent se flatter de les avoir secoués tous. On l'accuse d'avoir cru qu'il suffisait au bonheur d'un peuple d'avoir des artistes célèbres, des orateurs et des poëtes : jamais il n'a pu le penser. Mais il croyait que les arts et les lettres adoucissent les mœurs, préparent à la raison une route plus facile et plus sûre ; il pensait que le goût des arts et des lettres dans ceux qui gouvernent, en amollissant leur cœur, leur épargne souvent des actes de violence et des crimes, et que, dans des circonstances semblables, le peuple le plus ingénieux et le plus poli sera toujours le moins malheureux.

Ses pieux ennemis l'ont accusé d'avoir attaqué de mauvaise foi la religion de son pays, et de porter l'incrédulité jusqu'à l'athéisme : ces deux inculpations sont également fausses. Dans une foule d'objections fondées sur des faits, sur des passages tirés de livres regardés comme inspirés par Dieu même, à peine a-t-on pu lui reprocher avec justice un petit nombre d'erreurs qu'on ne pouvait imputer à la mauvaise foi, puisqu'en les comparant au nombre des citations justes, des faits rapportés avec exactitude, rien n'était plus inutile à sa cause. Dans sa dispute avec ses adversaires, il a toujours dit : On ne doit croire que ce qui est prouvé ; on doit rejeter ce qui blesse la raison, ce qui manque de vraisemblance ; et ils lui ont toujours répondu : On doit adopter et adorer tout ce qui n'est pas démontré impossible.

Il a paru constamment persuadé de l'existence d'un Être suprême, sans se dissimuler la force des objections qu'on oppose à cette opinion. Il croyait voir dans la nature un ordre régulier, mais sans s'aveugler sur des irrégularités frappantes qu'il ne pouvait expliquer.

Il était persuadé, (quoiqu'il fût encore éloigné de cette certitude absolue devant laquelle se taisent toutes les difficultés ; et l'ouvrage intitulé *Il faut prendre un parti, ou le principe d'action,* etc.[239], renferme peut-être les preuves les plus fortes de l'existence d'un Être suprême qu'il ait été possible jusqu'ici aux hommes de rassembler.

Il croyait à la liberté dans le sens où un homme raisonnable peut y croire, c'est-à-dire qu'il croyait au pouvoir de résister à nos penchants, et de peser les motifs de nos actions.

Il resta dans une incertitude presque absolue sur la spiritualité, et même sur la permanence de l'âme après le corps ; mais, comme il croyait cette dernière opinion utile, de même que celle de l'existence de Dieu, il s'est permis rarement de montrer ses doutes, et a presque toujours plus insisté sur les preuves que sur les objections.

Tel fut Voltaire dans sa philosophie : et l'on trouvera peut-être en lisant sa vie qu'il a été plus admiré que connu ; que, malgré le fiel répandu dans quelques-uns de ses ouvrages polémiques, le sentiment d'une bonté active le dominait toujours ; qu'il aimait les malheureux plus qu'il ne haïssait ses ennemis ; que l'amour de la gloire ne fut jamais en lui qu'une passion subordonnée à la passion plus noble de l'humanité. Sans faste dans ses vertus, et sans dissimulation dans ses erreurs, dont l'aveu lui échappait avec franchise, mais qu'il ne publiait pas avec orgueil, il a existé peu d'hommes qui aient honoré leur vie par plus de bonnes actions, et qui l'aient souillée par moins d'hypocrisie. Enfin, on se souviendra qu'au milieu de sa gloire, après avoir illustré la scène française par tant de chefs-d'œuvre, lorsqu'il exerçait en Europe sur les esprits un empire qu'aucun homme n'avait jamais exercé sur les hommes, ce vers si touchant,

J'ai fait un peu de bien, c'est mon meilleur ouvrage[240],

était l'expression naïve du sentiment habituel qui remplissait son âme.

FIN DE LA VIE DE VOLTAIRE.

1. ↑ Cette *Vie de Voltaire* a paru, pour la première fois, en 1789, dans le tome LXX de l'édition in-8° des *Œuvres de Voltaire* faite à Kehl. C'est un vaste et très-bon tableau de l'esprit de Voltaire, plus peut-être que sa vie. Le plan de l'auteur ne lui permettait pas de suivre rigoureusement la chronologie ; ce qui m'a obligé d'y mettre quelques notes. (B.)

    Jal dit qu'elle fut imprimée d'abord à Genève, en 1787. Mais cette édition n'est pas connue jusqu'ici des bibliographes.

2. ↑ Voltaire donne lui-même trois dates différentes de sa naissance. Dans un article envoyé par lui, en 1755 ou 1756, aux frères Parfaict pour leur *Dictionnaire des théâtres de Paris,* il dit être né le 20 novembre. Dans la lettre à Damilaville, du 20 février 1765, il parle du 20 février 1694 ; dans sa lettre au roi de Prusse, du 25 novembre 1777, il dit : J'ai *aujourd'hui* quatre-vingt-quatre ans. »

    Aucune de ces dates n'est exacte : la dernière n'a été adoptée, ni même remarquée, par personne. Beaucoup de personnes ont regardé comme bonne celle du 20 février. Mais M. Berriat Saint-Prix, dans son édition des *Œuvres de Boileau* (tome Ier, *Essai sur Boileau,* pages xj et suivantes), établit qu'elle est inadmissible. L'acte de baptême, du 22 novembre 1694, porte : *né le jour précédent.* Cet acte est signé du père, alors notaire, et qui, en cette qualité, eût senti tous les inconvénients qu'il pouvait y avoir à ne pas donner la date précise de la naissance de l'enfant. Cet acte ne fait pas mention de l'ondoiement qu'on prétend avoir eu lieu en février, d'où M. Berriat conclut encore contre la date du 20 février. Il observe que le frère aîné de Voltaire avait été ondoyé, circonstance rappelée, suivant l'usage, dans l'acte de baptême ; et il est porté à croire qu'il y a confusion à attribuer à Voltaire l'ondoiement de son frère. Il pense que c'était pour détourner la persécution qu'il redoutait que Voltaire se vieillissait de quelques mois. Il est donc persuadé que Voltaire est né le 21 novembre 1694, à Paris même, et non à Chatenay (B.) — Voyez ci-après les *Documents biographiques*.

M. Benjamin Fillon, dans ses *Lettres écrites de la Vendée* (Paris, Tross, 1861, in-8°), cite une lettre de Pierre Bailly, cousin issu de germain du nouveau-né, datée de Paris du 24 novembre 1694, et adressée à son père, fabricant d'étoffes à la Châtaigneraye : « Mon père, nos cousins ont un autre fils, né d'il y a trois jours. Mme Arouet me donnera pour vous et pour la famille des dragées du baptême. Elle a esté très-malade ; mais on espère qu'elle va mieux. L'enfant n'a pas grosse mine, s'estant senti de la cheute de sa mère. »

3. ↑ Lors de la naissance de Voltaire, son père n'était pas encore trésorier de la chambre des comptes. Il n'eut cette charge que le 10 octobre 1696. On a dit que François Arouet, père de Voltaire, était né à Saint-Loup, bourg sur les bords du Thouet (aujourd'hui département des Deux-Sèvres). En 1811 et 1812 il existait encore, à Saint-Loup et dans les environs, des Arouet. François Arouet avait environ trente-deux ans quand il se maria, le 7 juin 1683 ; il est mort en 1723 ou 1724. (B.)

Le père de Voltaire était encore notaire au Châtelet à l'époque de sa naissance. Il devint ensuite (il fut admis au serment en 1701) receveur alternatif et triennal des épices, vacations et amendes de la chambre des comptes de Paris.

4. ↑ Voltaire est le nom d'un petit bien de famille qui appartenait à la mère de l'auteur de *la Henriade*. On a prétendu que le nom de Voltaire était l'anagramme de la signature qu'il avait dans sa jeunesse, *Arouet L. J.* (Arouet le jeune). Je suis porté à croire que ce n'était pas là sa signature, et qu'il s'appelait *Arouet le cadet*. C'est sous ce nom qu'il écrivait à Mlle Dunoyer, le 6 décembre 1713, de lui adresser ses lettres. La dédicace d'*Œdipe* à Madame, femme du régent, est signée Arouet de Voltaire (voyez tome II, page 8). Cette dédicace est de 1719 ; l'auteur avait vingt-cinq ans. La réunion des deux noms prouve que ce n'était pas pour faire oublier le premier qu'il avait pris le second. (B.) On n'a jamais pu dire où était situé le petit bien d'où François Arouet aurait tiré son pseudonyme. (JAL.)

5. ↑ Gabriel-François Lejay, né à Paris vers 1660, mort le 21 février 1734.

6. ↑ Le roi de Prusse, dans son *Éloge de Voltaire* (voyez ci-dessus, page 133), dit que le Père Tournemine fut un des professeurs de Voltaire, ce qui est confirmé par une lettre de Voltaire à ce jésuite (voyez tome XXXIII, page 520). Voltaire dit ailleurs (voyez tome XXIX, page 530)

avoir eu le Père Charlevoix pour préfet.

Voltaire eut ce qu'on appelle des succès de collége. J. B. Rousseau, qui assistait à une distribution de prix, fut frappé d'entendre appeler souvent le nom d'Arouet, et en parla au Père Tarteron, qui lui présenta le jeune écolier.

Le Constitutionnel du 15 décembre 1833 contient cette singulière annonce :

« PREMIER GRAND PRIX DE DISCOURS LATIN remporté par Voltaire en 1710. Cet ouvrage sera livré à la personne qui aura mis la plus forte enchère, d'ici au 15 janvier 1834, midi précis, sur la mise à prix de 2,000 fr. Une notice sur cet ouvrage, rare et unique sous un rapport, auquel est joint un certificat authentique, sera envoyée aux personnes qui la désireraient. S'adresser, franc de port, à M. Cartier, artiste, rue des Ursulines, n° 38, à Saint-Germain-en-Laye. »

Les chalands ne se présentent pas, le volume fut compris dans un *Catalogue de livres où se trouvent quelques ouvrages en langue italienne, espagnole et allemande, provenant de la bibliothèque de M. ***, dont la vente se fera le jeudi 13 mars 1834 et jours suivants, à six heures de relevée, rue des Bons-Enfants, n° 30, maison Silvestre.*

Voici ce qu'on lit à la page 43 de ce catalogue :

« 418. *Histoire des guerres civiles de France*, par Davila ; in-fol., v. dent. »

Et en note :

« Ce volume paraît avoir appartenu à Voltaire, auquel il aurait été donné comme premier prix de discours latin au collége des jésuites de Louis-le-Grand. À la page 655 de ce volume sont deux vers alexandrins manuscrits, attribués aussi à Voltaire. »

À ce volume était jointe l'attestation d'un prix à François Arouet, le 1er janvier 1710, pour *vers latins* (*strictœ orationis*). Le frontispice du volume est enlevé, mais par l'*achevé d'imprimer* on voit qu'il est de l'édition de 1657. Rien ne prouve l'identité de ce volume avec celui qui doit avoir été donné en prix à Voltaire, si ce n'est que le volume a le monogramme des jésuites.

À la page 655, on lit en marge et en majuscules ces deux vers manuscrits :

DE MA GLOIRE PASSÉE ILLUSTRE TÉMOIGNAGE,
POUR CINQUANTE-DEUX SOLS JE T'AI MIS EN OTAGE.

N'ayant jamais vu de l'écriture moulée de Voltaire, je ne puis que douter que ces deux vers soient de sa main. Ce que je puis affirmer, c'est que, le 17 mars, le livre, mis sur table, a été adjugé pour six francs. (B.)

Dans une note de M. Desnoiresterres, page 183 de la *Jeunesse de Voltaire*, la même anecdote est appliquée, d'une manière un peu dubitative il est vrai, à l'*Histoire d'Italie* de Guichardin. Les deux vers sont cités, mais non tout à fait de même :

De mes premiers succès illustre témoignage,
Pour trois livres dix sous je te mis en otage.

Ces divergences nous ont fait renoncer à recueillir, malgré le vœu de M. Bengesco (*Voltaire, Bibliographie de ses œuvres*, tome 1er, page 321), ce distique dans notre Supplément aux Poésies.

7. ↑ C'est Voltaire lui-même qui, dans une épître au maréchal de Villars, a dit :

Et mon janséniste de frère.

Voyez tome X, page 252.

8. ↑ La *Moïsade*, pièce de vers que Rousseau attribuait à Voltaire et que Voltaire attribuait à Rousseau, est de Lourdet ; voyez *Jugements sur quelques ouvrages nouveaux*, I, 273. La *Moïsade* commence ainsi :

Votre impertinente leçon,
Ne détruit pas mon pyrrhonisme, etc.

Elle est dans quelques éditions de Rousseau. (B.)

9. ↑ C'était probablement *Amulius et Numitor* ; voyez tome XXXII, page 379.
10. ↑ Voyez tome XXXIII, pages 9 et suiv.
11. ↑ Voyez tome XV, page 127.
12. ↑ Ce procureur s'appelait Alain. Voltaire le nomme dans ses lettres 13 et 14, à Mlle Dunoyer. Ce fut chez ce procureur que Voltaire connut Thieriot et Bainast, à qui est adressée la lettre 347, tome XXXIII, page 358.
13. ↑ Voyez la note, tome XIV, page 52.

14. ↑ Château à trois lieues de Fontainebleau ; voyez la note, tome VIII, page 274, et aussi les jolis vers de Voltaire sur ce château, dans son épître au prince de Vendôme, tome X, page 241.
15. ↑ Voyez la note, tome XXXVIII, page 336.
16. ↑ Le 1er septembre 1715.
17. ↑ *Explication des Maximes des saints sur la vie intérieure*, par Fénelon ; voyez tome XV, page 67.
18. ↑ Voyez la pièce entière parmi les *Documents biographiques.*
19. ↑ Voltaire, né en 1694, avait plus de vingt-deux ans en 1717 ; il n'en avait pas encore vingt-deux lorsqu'en mai 1716 il fut exilé à Tulle ; mais Arouet père obtint que son fils fût envoyé à Sully-sur-Loire, où il avait des parents. Cette première persécution eut lieu à cause des vers sur le duc d'Orléans et la duchesse de Berry (qui sont tome X, page 473).

    Ce fut le jour de la Pentecôte 1717 que Voltaire fut arrêté, comme il le dit dans sa pièce intitulée *la Bastille* (voyez tome IX, page 353). Or, en 1717, la Pentecôte tombait le 16 mai ; mais il paraît qu'il ne fut mis à la Bastille que le 17. Il y avait plus de vingt mois que Louis XIV était mort. Les *J'ai vu* de Le Brun doivent être de 1715, et devaient être oubliés en 1717. Voltaire, en parlant de la persécution qu'il essuya alors, dit que la cause fut la pièce de Le Brun. J'en doute, et je pense que le sujet de la détention de Voltaire était la pièce commençant par ces mots : *Regnante puero.* Il faut convenir que si Voltaire est auteur de ce morceau, il a bien changé depuis d'opinion sur le compte du régent, car il n'a cessé de le défendre des accusations odieuses répandues contre lui (voyez tome XIV, page 477 ; XV, 125 ; XXVII, 265). (B.)

    C'était sur la dénonciation d'un nommé Beauregard (voyez, dans les *Documents biographiques,* le *Mémoire instructif,* etc).

    Il paraît que la police mit une grande activité dans ses recherches. Le commissaire Ysabeau fut chargé d'aller fouiller les latrines de la maison où demeurait Voltaire. Il n'y trouva rien (voyez *Documents biographiques*).

    Ce n'est que le 11 avril 1718 que fut donné l'ordre de mise en liberté de Voltaire, et en même temps de son exil à Chatenay.

    Ainsi cette première détention de Voltaire dura près de onze mois.

    Le 19 mai 1718, il demanda la permission de venir à Paris pour deux heures seulement. Le 29 mai, il obtint d'y venir vingt-quatre heures. D'autres permissions, pour un plus long temps, lui furent accordées.

Enfin son exil fut levé le 12 octobre 1718 (voyez la *Revue rétrospective,* tome II, pages 124 et suiv.).
20. ↑ *La Bastille ;* voyez tome IX, page 353.
21. ↑ Le 18 novembre.
22. ↑ L'*Ode sur le vœu de Louis XIII* est de 1712 ; voyez tome VIII, page 407. L'*Ode sur sainte Geneviève* est de 1709 ; voyez tome VIII, page 403.
23. ↑ Voici le texte de cette approbation : « J'ai lu, par ordre de monseigneur le garde des sceaux, *Œdipe*, tragédie. Le public, à la représentation de cette pièce, s'est promis un digne successeur de Corneille et de Racine ; et je crois qu'à la lecture il ne rabattra rien de ses espérances. À Paris, ce 2 décembre 1718. HOUDARD DE LAMOTTE. »

Voyez, tome II, page 47, une autre approbation de Lamotte, qui lui fait aussi honneur.
24. ↑ *Œdipe,* acte IV, scène I.
25. ↑ À l'occasion de cette pièce, le prince de Conti adressa une pièce de vers à Voltaire ; voyez les *Documents biographiques*. On n'a pas la réponse de Voltaire aux vers du prince.
26. ↑ Mlle de Corsembleu, probablement de la famille du poëte Desmahis.
27. ↑ Jouée le 15 février 1720, et dont on n'a que des fragments ; voyez tome II page 121.
28. ↑ La permission de venir à Paris quand bon lui semblera fut accordée à Voltaire le 12 octobre 1718 (voyez *Revue rétrospective,* tome II, page 127), plus d'un mois avant la première représentation d'*Œdipe*.
29. ↑ Voyez sur ce personnage le livre VIII de l'*Histoire de Charles XII*, tome XVI, pages 335 et suiv.
30. ↑ Voyez la note sur cette dame, tome IX, page 357.
31. ↑ Voyez cette pièce, tome IX, page 358.
32. ↑ Voltaire était de retour en France à la fin de 1722. Ce fut à la fin de 1723 qu'il eut la petite vérole, au château de Maisons, près de Saint-Germain-en-Laye ; voyez sa lettre au baron de Breteuil, tome XXXIII, page 100.
33. ↑ Le 6 mars ; voyez tome II, page 157.
34. ↑ Ce n'est pas dans la préface de *Mariamne*, mais dans la seconde préface d'*Œdipe* (1730), que Voltaire combat les sentiments de Lamotte ; voyez tome II, page 47.
35. ↑ Voyez ces *Lettres* en tête d'*Œdipe*, tome II, page 11.
36. ↑ Du Vernet ayant, à ce sujet, demandé des renseignements à Voltaire, Voltaire lui répondit de s'adresser à Thieriot (voyez tome XLVIII, page

36) ; et voici comment s'exprime du Vernet : « Le chevalier de Rohan-Chabot (plante dégénérée ; on lui reprochait un défaut de courage et le métier d'usurier)... dînait quelquefois chez le duc de Sully, où Voltaire dînait très-souvent. Un jour, il trouva fort mauvais que Voltaire ne fût pas de son sentiment : « Quel est ce jeune homme, demande-t-il, qui, pour me contredire, parle si haut ? — Monsieur le chevalier, reprit Voltaire, c'est un homme qui ne traîne pas un grand nom, mais qui honore celui qu'il porte. » Le chevalier de Rohan sortit en se levant de table, et les convives applaudirent à Voltaire. Le duc de Sully lui dit hautement : « Nous sommes heureux si vous nous en avez délivrés. »

« Peu de jours après cette scène, Voltaire, étant encore à dîner chez le duc de Sully, fut demandé à la porte pour une bonne œuvre : à ce mot de bonne œuvre, il se lève avec précipitation, et, tenant sa serviette à la main, il court à la porte, où était un fiacre, et dans ce fiacre deux hommes qui, d'un ton dolent, le prient de monter à la portière. À peine y fut-il que l'un d'eux le retint par son habit, tandis que l'autre lui appliquait sur les épaules cinq ou six coups d'une petite baguette. Le chevalier de Rohan, qui, à dix pas de là, était dans sa voiture, leur crie : C'est assez... Voltaire, rentré dans l'hôtel, demande au duc de Sully de regarder cet outrage fait à l'un de ses convives comme fait à lui-même. Il le sollicite de se joindre à lui pour poursuivre la vengeance, et de venir chez le commissaire en certifier la déposition. Le duc de Sully se refuse à tout. Cette indifférence de la part d'un homme qui depuis dix ans le traitait en ami, l'irrita encore davantage : il sort, et depuis ce moment il ne voulut ni voir ni entendre parler du duc de Sully.

« Voltaire, outragé,... n'a recours qu'à son seul courage... Un maître d'armes vient tous les matins lui donner des leçons ; quand il a acquis toute la dextérité nécessaire, il se rend au Théâtre-Français, entre dans la loge où était le chevalier de Rohan : « Monsieur, lui dit-il, si quelque affaire d'intérêt ne vous a point fait oublier l'outrage dont j'ai à me plaindre, j'espère que vous m'en rendrez raison. » Thieriot, dont nous tenons le fait, était resté à la porte de la loge.

« Le chevalier de Rohan accepte le défi pour le lendemain à 9 heures, assigne lui-même le rendez-vous à la porte Saint-Antoine, et le soir même fait part à sa famille du cartel qu'il a reçu. Tous les Rohans se mettent en mouvement ; ils courent à Versailles... et Voltaire est envoyé à la Bastille. »

Guy-Auguste de Rohan-Chabot, né en 1683, nommé maréchal de camp en 1719, lieutenant général en 1734, est mort le 13 septembre 1760. Il avait épousé la fille de Mme Guyon, dont Voltaire parle dans son *Siècle de Louis XIV,* chapitre XXXVIII ; voyez tome XV, page 63.

Voltaire fut mis à la Bastille le 17 avril 1726. Il demanda la permission d'aller en Angleterre, et le 29 avril fut donné l'ordre de son élargissement, sous la condition d'aller en Angleterre. Il dut partir le 2 mai, sous la conduite d'un nommé Condé, qui avait mission de l'accompagner jusqu'à Calais (voyez l'*Histoire de la détention des philosophes,* etc., par J. Delort, 1829, tome II, pages 34 et suiv.).

Cette seconde détention de Voltaire fut donc, tout au plus, de seize jours.

Voltaire, pour punir le duc de Sully de l'indifférence qu'il avait montrée lors de l'insulte faite par Rohan, supprima, dans *la Henriade,* le personnage de Sully qu'il y avait d'abord placé, et le remplaça par Mornay ; voyez tome VIII, page 62.

37. ↑ La détention ne fut pas de six mois, mais de quelques jours ; voyez la note précédente.
38. ↑ Pour tâcher d'avoir raison du chevalier de Rohan ; voyez sa lettre à Thieriot, du 12 août 1726, tome XXXIII, page 159.
39. ↑ Newton n'est mort que le 20 mars 1727 ; Voltaire était alors en Angleterre depuis plus de dix mois.
40. ↑ Cette tragédie ne fut jouée à Paris que le 11 décembre 1730 ; voyez tome II, page 301.
41. ↑ Claude Gros de Boze, né à Lyon en 1680, fut, à vingt-six ans, élu secrétaire perpétuel de l'Académie des inscriptions et belles-lettres, et, en 1715, nommé membre de l'Académie française, à la place de Fénelon. Il est mort le 10 septembre 1753, et malgré lui confrère de Voltaire depuis plus de six ans. Voyez, dans les *Mémoires* de l'abbé Barthélemy, ce qu'il dit de de Boze.
42. ↑ Voyez tome III, page 297.
43. ↑ Tome IX, page 369.
44. ↑ Le 7 mars 1732 ; voyez tome II, page 455.
45. ↑ *Zaïre* fut jouée le 13 août 1732.
46. ↑ Jouée le 18 janvier 1734 ; voyez tome III, page 75.
47. ↑ En 1752 ; voyez tome III, page 197.
48. ↑ Comédie ou drame de Sedaine, jouée le 2 décembre 1765 ; *Adélaïde du Guesclin* avait été reprise dès le 9 septembre de la même année.

49. ↑ Publié en mars ou avril 1733 ; voyez, tome VIII, page 549.
50. ↑ Ou *Lettres philosophiques*, voyez tome XXII, page 75.
51. ↑ L'*Essai sur l'entendement humain* avait été traduit par Coste en 1700.
52. ↑ Les quatre premières *Lettres philosophiques* sont consacrées aux quakers.
53. ↑ Voyez *Appel à toutes les nations de l'Europe des jugements d'un écrivain anglais, ou Manifeste au sujet des honneurs du pavillon entre les théâtres de Londres et de Paris,* tome XXIV, page 191 ; *Lettre à l'Académie française* (en 1776), tome XXX, page 319, et la dédicace d'*Irène* (*Lettre à l'Académie française*, en 1778), tome VII, page 325.
54. ↑ Elles furent brûlées par la main du bourreau le 10 juin 1734 ; voyez tome XXII, pages 77-78.
55. ↑ Voyez tome XXII, pages 122 et 390.
56. ↑ Les *Remarques sur les Pensées de Pascal* formaient, en 1734, la 25e des *Lettres philosophiques* ; mais ces *Remarques* sont de 1728 ; voyez tome XXII, page 27.
57. ↑ Cet arrêt du conseil m'est inconnu. Condorcet confond peut-être ici l'arrêt du conseil d'État du 4 décembre 1739, portant suppression du *Recueil de pièces fugitives en prose et en vers,* par M. de V*** (voyez tome XXIII, page 127). (B.)
58. ↑ En 1727 et années suivantes.
59. ↑ Le procès du Père Girard et de la Cadière est de 1731.
60. ↑ Une lettre de cachet du 3 ou 4 mai fut envoyée à l'intendant de Dijon pour faire arrêter Voltaire, alors à Montjeu, aux noces du duc de Richelieu avec Mlle de Guise. Mais Voltaire était parti de Montjeu (voyez dans la présente édition tome XXXIII, pages 422, 434 ; X, 290, et la *Revue rétrospective,* II, 130). On fit aussi une perquisition dans le domicile de Voltaire à Paris (voyez tome XXXIII, page 429).
61. ↑ L'*Épitre à Uranie* avait été imprimée dès le commencement de 1732 voyez tome IX, page 358.
62. ↑ Voyez les *Œuvres de Chaulieu.* (K.) — Voyez surtout la pièce de vers adressée *au marquis de La Fare* en 1708, commençant par

> Plus j'approche du terme, et moins je le redoute.

Dans l'édition de 1740 des *Œuvres de Chaulieu,* la pièce n'est imprimée

dans le volume qu'avec des lacunes ; mais elle est reproduite entière à la fin du volume pages 225-28.
63. ↑ À la fin de 1735 et au commencement de 1736. Le garde des sceaux, persécuteur de Voltaire, était Germain-Louis Chauvelin, garde des sceaux de 1727 à 1737, mort en 1762.
64. ↑ L'anecdote est rapportée par Voltaire dans une lettre à d'Alembert (voyez tome XL, page 431), comme concernant *un des frères*.
65. ↑ Voyez les lettres de Jore, tome XXXV, pages 77, 84 ; XXXVI, 134 ; XLVI, 145, 311) ; XLVIII, 466 ; — les lettres de Mannory, tome XXXVI, pages 294, 329, 480 ; — Celle de Bonneval, tome XXXVI, page 189.
66. ↑ Voyez l'*Épître aux mânes de Génonville*, tome X, page 265 ; et *le Temple du Goût*, tome VIII, page 549.
67. ↑ Voyez les notes qui le concernent, tome XXXIII, page 419, et L, 389.
68. ↑ Voyez Éléments de la philosophie de Newton, tome XXII.
69. ↑ *Essai sur la nature du feu et sur sa propagation*, tome XXII.
70. ↑ Ces deux vers sont de Voltaire ; voyez sa lettre à d'Alembert, du 1er juillet 1766, tome XLIV, page 322.
71. ↑ *Doutes sur la mesure des forces motrices et sur leur nature, présentés à l'Académie des sciences de Paris en 1741*, tome XXIII, page 165.
72. ↑ Voyez *Documents biographiques*.
73. ↑ Tome IX, page 379.
74. ↑ L'Histoire de Charles XII parut en 1731. Voltaire ne connut Mme du Châtelet qu'en 1733.
75. ↑ Tome IV, page 93.
76. ↑ La dédicace de *Mahomet* à Benoît XIV est du 17 août 1745, et c'est dans une lettre du même jour au même pape que Voltaire envoya son distique latin. La réponse de Benoît XIV à la dédicace et à la lettre est tome IV, page 102.
77. ↑ Tome IV, page 3.
78. ↑ Ils sont au nombre de sept ; voyez tome IX, pages 379 et suiv.
79. ↑ Elles sont intitulées *Essay on Man* (*Essai sur l'Homme*). Voltaire, dans sa lettre à Thibouville, du 20 février 1769, avoue avoir fait la moitié des vers de la traduction de Pope par l'abbé du Resnel.
80. ↑ Ainsi que nous l'avons dit page 215, cette *Histoire* parut en 1731.
81. ↑ Voyez ce témoignage, tome XVI, pages 142-144 ; voyez aussi tome XL, page 147.
82. ↑ Intitulé *la Voltairomanie* ; voyez ce qui en est dit tome XXIII, page 59.
83. ↑ Voyez la note de Voltaire, tome XVII, page 183.
84. ↑ Voyez la lettre de remerciement de Desfontaines, tome XXXIII, page 110.

85. ↑ Mme de Bernières ; voyez la note, tome XXXIII, page 73.
86. ↑ Intitulé l'*Apologie de M. de Voltaire* ; voyez tome XXIII, page 39.
87. ↑ Nommé Couturier ; voyez tome X, page 88.
88. ↑ Voyez ce désaveu, tome XXXV, pages 241-242.
89. ↑ La première lettre de Frédéric à Voltaire est du 8 août 1736 ; voyez tome XXXIV, page 101.
90. ↑ Le comte de Seckendorff ; voyez ci-devant, page 13.
91. ↑ Catt ou Kat : voyez ci-devant, page 12.
92. ↑ Voltaire fut l'éditeur de *l'Anti-Machiavel,* et en fit la préface (voyez tome XXIII, page 147).
93. ↑ 31 mai 1740.
94. ↑ Voyez le récit que Voltaire fait de cette entrevue, ci-devant, page 16.
95. ↑ Beuchot a le premier recueilli ce *Mémoire* ; il est tome XXIII, page 153.
96. ↑ Marie-Thérèse.
97. ↑ Voyez entre autres la lettre de Frédéric du 16 avril 1741.
98. ↑ Au lieu de *votre majesté,* Voltaire l'appelait quelquefois *votre humanité :* voyez les lettres des derniers jours de décembre 1740 et 29 juin 1741.
99. ↑ 29 janvier 1743.
100. ↑ Jouée le 20 février 1743.
101. ↑ *Art poétique,* III, 95-96.
102. ↑ Mlle Dumesnil.
103. ↑ Voyez toutefois tome XXXVIII, page 461.
104. ↑ Voyez cette épigramme, tome II, page 7.
105. ↑ L'épître LVIII, tome X, page 314.
106. ↑ Dans le dessein constant d'être juste envers tout le monde, nous devons dire ici que depuis la mort de Voltaire, ayant parlé de cette anecdote à M. le comte de Maurepas, au caractère duquel ce mot nous parut étranger, il nous répondit, en riant, que c'était le roi lui-même qui n'avait pas voulu que Voltaire succédât au cardinal de Fleury dans sa place d'académicien, Sa Majesté trouvant qu'il y avait une dissemblance trop marquée entre ces deux hommes pour mettre l'éloge de l'un dans la bouche de l'autre, et donner à rire au public par un rapprochement semblable.

M. de Maurepas nous a même ajouté qu'il savait depuis très-longtemps que Voltaire avait dit et écrit à ses amis le mot *Je vous écraserai ;* mais que cette légère injustice d'un homme aussi célèbre ne l'avait pas empêché de solliciter le roi régnant, et d'en obtenir que celui qui avait tant honoré son siècle et sa nation vint jouir de sa gloire au milieu d'elle à la fin de sa carrière.

Nous avons déjà dit ailleurs que, sans adopter ni blâmer les opinions de notre auteur sur une infinité d'objets, nous nous sommes sévèrement renfermés dans notre devoir d'éditeurs : être impartiaux et fidèles est ce que l'Europe attend de nous ; le reste nous est étranger. (Note du correspondant général de la Société littéraire typographique.) — Cette qualité désigne Beaumarchais.

107. ↑ Il ne l'avait pas toujours été. Lors de la convalescence de Voltaire en 1723, auprès sa petite vérole, Piron lui adressa une lettre flatteuse, presque toute en vers, qui est imprimée pages 521-525 du tome II des *Mémoires sur Voltaire*, etc., 1826, deux volumes in-8°.
108. ↑ En novembre 1744 ; voyez tome XXXIV, page 462.
109. ↑ Voyez ce manifeste, tome XXIII, page 203.
110. ↑ Jouée le 23 février 1745 ; voyez tome IV, page 271.
111. ↑ Cette lettre est du mois de mars 1746 ; voyez tome XXXVI, page 424.
112. ↑ Tome XXIII, page 205.
113. ↑ N.-R. Berryer.
114. ↑ C'est dans la Correspandance (tome XXXVI) que ces affaires sont exposées exactement.
115. ↑ On fit imprimer à l'Imprimerie royale les Œuvres de Crébillon, 1750, deux volumes in-4°.
116. ↑ Léopold Ier, duc de Lorraine, né en 1679, mort en 1729 ; voyez l'éloge que Voltaire fait de son règne, tome XIV, page 325.
117. ↑ Saint-Lambert.
118. ↑ Le 10 septembre 1749.
119. ↑ Voici les expressions de d'Alembert : « Deux hommes illustres, entre lesquels notre nation semble partagée, *et que la postérité saura mettre chacun à sa place*, se disputent la gloire du cothurne, et l'on voit encore avec un extrême plaisir leurs tragédies après celles de Corneille et de Racine. » Le malin d'Alembert, dans les mots qui sont imprimés en italique, fait bien voir qu'il ne met pas sur le même rang Crébillon et Voltaire.
120. ↑ 29 août 1748 ; voyez tome IV, page 481.
121. ↑ 12 Janvier 1750 ; voyez tome V, page 73.
122. ↑ Le 24 février 1752 ; voyez tome V, page 199.
123. ↑ Le *Catilina* de Crébillon fut joué le 21 décembre 1748.
124. ↑ Grandval, mort en 1784.

125. ↑ Parti précipitamment de Fontainebleau en octobre 1746, il était venu à Sceaux chez la duchesse du Maine ; voyez les articles v et vi des *Mémoires de Longchamp,* dans les *Mémoires sur Voltaire,* etc., 1826, deux volumes in-8º.
126. ↑ Le cardinal Quirini ; voyez tome IV, page 487.
127. ↑ Il partit de Compiègne le 28 juin 1750, et arriva à Berlin avant la fin de juillet ; voyez tome XXXVII, page 140. Pendant le séjour de Voltaire en Prusse, on vola des manuscrits dans son domicile à Paris, qu'occupait Mme Denis ; voyez les *Documents biographiques.*
128. ↑ Imprimé pour la première fois, en 1751 à Berlin, pendant le séjour de l'auteur.
129. ↑ Ils sont tome XXXVI, page 82.
130. ↑ Voyez tome XXIII, page 205, et XXIV, 1.
131. ↑ Voyez tome XXXVII, page 221. Ces détails peu exacts se trouvent rectifiés dans la *Correspondance.*
132. ↑ *Mes Pensées.*
133. ↑ Voyez tome XXIII, page 570.
134. ↑ Voyez tome XXIII, page 560.
135. ↑ Le 24 décembre 1752.
136. ↑ Voyez la lettre à Mme Denis, du 15 mars 1753.
137. ↑ Voyez tome XXIII, pages 581 et 583, et XXXVIII, page 10.
138. ↑ Pour les détails sur le voyage de Voltaire, et son arrestation à Francfort, voyez la *Correspondance* (tome XXXVIII). Voyez aussi, dans les *Documents biographiques,* le récit de Colini.
139. ↑ L'ordre inverse serait exact.
140. ↑ Joué le 20 août 1755 ; voyez tome V, page 291.
141. ↑ Dans la tragédie d'*Héraclius,* de P. Corneille.
142. ↑ Acte II, scène iii.
143. ↑ L'honneur est, je crois, tout entier à Maubert ; je ne pense pas que La Beaumelle y fût pour rien. (B.)
144. ↑ La première édition avouée par l'auteur est de 1762.
145. ↑ Tome XXX, pages 330, 331.
146. ↑ Tome IX, page 433.
147. ↑ Publié en 1756.
148. ↑ En 1759.
149. ↑ Tome IX, page 481.
150. ↑ Tome IX. page 495.
151. ↑ *Lettre de M. Ératou à M. Clocpitre, aumônier de S. A. S. M. le landgrave,* tome IX, page 497.

152. ↑ L'édition faite à Genève par les frères Cramer porte en effet le titre de *Première édition.* Il y en a des exemplaires sous la date de 1756, et d'autres avec la date de 1757. Mais cette édition, faite par les frères Cramer, n'était pas la première des *Œuvres de Voltaire* ; voyez la *Préface* de Beuchot en tête du présent volume, et la *Notice bibliographique* à la fin du tome L.
153. ↑ Les premières éditions, données par l'auteur, étaient intitulées *Essai sur l'Histoire générale,* etc. ; mais avant ces éditions on avait imprimé, en 1753, deux volumes in-12 avec le nom de Voltaire, sous le titre d'*Abrégé de l'Histoire universelle.*
154. ↑ Voltaire avait adopté ce mot ; voyez sa note, tome V, page 298.
155. ↑ Voici deux grands témoignages en faveur de Voltaire :

« J'ai (dit Robertson dans son *Introduction à l'Histoire de Charles-Quint*) suivi Voltaire dans mes recherches ; et il m'a indiqué non-seulement les faits sur lesquels il était important de m'arrêter, mais encore les conséquences qu'il en fallait tirer : s'il avait en même temps cité les livres originaux où les détails peuvent se trouver, il m'aurait épargné une partie considérable de mon travail, et plusieurs de ses lecteurs, qui ne le regardent que comme un écrivain agréable et intéressant, verraient encore en lui un historien savant et profond. »

« Nous ne doutons pas (dit M. de Chateaubriand, *Génie du Christianisme,* partie III, livre III, chapitre VI) que Voltaire, s'il avait été chrétien, n'eût excellé en histoire : il ne lui manquait que de la gravité, et, malgré ses imperfections, c'est peut-être encore, après Bossuet, le premier historien de France. »

156. ↑ Voltaire a essayé de disculper Alexandre VI ; voyez tome XI, page 190 ; et XXVII, 294.
157. ↑ C'est en 1789 que parut le soixante-dixième volume de l'édition des *Œuvres de Voltaire,* faite à Kehl ; volume dans lequel est la *Vie de Voltaire* par Condorcet. C'est l'année précédente qu'avait été donnée la première édition des *Voyages du jeune Anacharsis,* par l'abbé Barthélemy.
158. ↑ L'auteur arrivant dans sa terre près du lac de Genève, tome X, page 362.
159. ↑ Le 14 octobre 1758.
160. ↑ Elle est tome VIII, page 462.
161. ↑ Tome VIII, page 517.
162. ↑ Tome VIII, page 512.
163. ↑ En 1751.

164. ↑ Pour les lettres E, F, G, H. Ils ont été placés par les éditeurs de Kehl, et laissés dans le *Dictionnaire philosophique*.
165. ↑ La neuvième de l'ode sur la mort de J.-B. Rousseau, commençant par :

> Le Nil a vu sur ses rivages, etc.

166. ↑ *Didon*.
167. ↑ Lefranc de Pompignan se sert dans son discours de ces expressions : *Des écrivains, très-suspects d'ailleurs dans leur croyance,* qu'il applique évidemment à Voltaire. (B.)
168. ↑ La princesse de Robecq.
169. ↑ Le dauphin.
170. ↑ C'est le dernier de la satire intitulée *la Vanité* : voyez tome X, page 118.
171. ↑ Tome V, page 399.
172. ↑ Voyez cette dédicace, tome V, page 495.
173. ↑ Lettre à Le Brun, du 7 novembre 1760.
174. ↑ David.
175. ↑ Le 9 mars 1765, troisième anniversaire du supplice de Jean Calas.
176. ↑ Le suicide de Calas fils est du 13 octobre 1761 ; la condamnation du père, du 9 mars 1762. C'était le 4 janvier 1762 qu'on avait trouvé dans un puits le cadavre d'une fille de Sirven.
177. ↑ Desprez de Crassy.
178. ↑ Antoine Adam avait professé quinze ans la rhétorique à Dijon. Malgré ce qu'on a dit, ce n'est point à Colmar que Voltaire le connut (voyez *Mon Séjour*, par Colini, page 118). Ce fut à la fin de 1763 qu'il fut placé, par d'Alembert, auprès de Voltaire. M. Feydel (*Un Cahier littéraire*, page 5) dit que le jésuite était l'espion de sa société auprès du philosophie de Ferney, et qu'il fut chassé en 1771), soupçonné d'avoir dérobé les *Mémoires* qui avaient été longtemps auparavant soustraits par La Harpe. « Ce n'était pas le premier homme du monde », disait Voltaire, qui répétait un mot de Mme Dumoulin sur un autre Adam (voyez *Mélanges critiques* d'Ancillon, I, 38).

La Harpe (*Mercure* du mois d'août 1790, page 33) dément la prétendue complaisance que le jésuite aurait mise à se laisser gagner par Voltaire les parties d'échecs.

179. ↑ L'arrêt contre Lally est du 6 mai 1766 ; il fut exécuté le 9.
180. ↑ Lavaur.
181. ↑ Pour faire réhabiliter la mémoire de son père.
182. ↑ Celui contre le chevalier de La Barre.

183. ↑ L.-F.-G. de La Motte.
184. ↑ Belleval.
185. ↑ Il était de la famille d'Ormesson, dont un était alors membre du parlement, et un autre conseiller d'État et intendant des finances.
186. ↑ L'*Ode à Priape*, par Piron.
187. ↑ Cette phrase ne se trouve pas dans la lettre de Voltaire à Pasquier, du 20 septembre 1776. la seule que je connaisse imprimée. (B.)
188. ↑ Nommé Biort.
189. ↑ Le 1er avril 1769.
190. ↑ *La Guerre de Genève* ; voyez tome IX, page 515.
191. ↑ Le président de Lamoignon était exilé à Thizy, près de Roanne, sur la pointe d'une montagne, où il ne put parvenir qu'à cheval ; sa femme, en faisant deux ou trois lieues dans une chaise à porteurs ; leurs enfants, dans des paniers à âne. Pasquier père avait été envoyé à Saint-Jean de Nanteuil (près de Ruffec en Angoumois), où l'air est si malsain qu'il a été sur le point d'y perdre la vue. Michaud de Montblin, crachant le sang et menacé d'une pulmonie, était à l'Isle-Dieu, huit lieues en mer. On peut voir la liste générale des membres du parlement, alors exilés, dans le *Journal historique de la révolution opérée dans la constitution de la monarchie par M. de Maupeou, chancelier de France*, tome Ier, pages 47-59.
192. ↑ Elle l'a été par le décret de la Convention nationale du 25 brumaire an II (15 novembre 1793).
193. ↑ Jacques-Marie-Bertrand Gaillard de Beancourt (et non Beaucourt), dit Étallonde de Morival, mort à Wailly, à quatre lieues d'Amiens, le 22 thermidor an VII (10 auguste 1800), vivait encore quand la Convention nationale prononça, le 15 novembre 1793, la réhabilitation de sa mémoire.
194. ↑ L'*Épître de Benaldaki à Caramouftée*, tome X.
195. ↑ Voyez, tome XLVIII, pages 427, 433, 443, dans quels termes Voltaire parlait du duc de Choiseul au duc de La Vrillière et au duc de Richelieu lui-même ; voyez aussi tome XLIX, pages 7 et 34, ce que Mme de Choiseul avait écrit à Mme du Deffant.
196. ↑ *Alzire*, acte III, scène iv.
197. ↑ Lettre à Mme du Deffant, du 5 avril 1771.
198. ↑ Il est juste d'observer que tous les magistrats n'ont pas cette haute idée de leurs droits, cet amour du pouvoir. L'un d'eux vient de mériter l'estime et la vénération de tous les citoyens, en prononçant dans le parlement de Paris ces paroles remarquables : « Les citoyens seuls ont

des droits ; les magistrats, comme magistrats, n'ont que des devoirs. » (K.)

199. ↑ M. Dupaty. (K.) — Son écrit intitulé *Mémoire justificatif pour trois hommes condamnés à la roue*, 1786, in-4°, fut condamné à être brûlé de la main du bourreau par arrêt du parlement du mois d'août 1786.
200. ↑ Voyez, tome XXVIII, pape 353, le premier des écrits de Voltaire dans cette cause.
201. ↑ Le parlement de Besançon ; voyez ci-après, page 271.
202. ↑ L'Assemblée nationale constituante, dans la séance du 4 août 1789, abolit les droits féodaux et censuels, ceux qui tenaient à la mainmorte réelle ou personnelle, et à la servitude personnelle.
203. ↑ Publiée en 1765, elle forme l'*[Introduction à l'Essai sur les Mœurs](#)*.
204. ↑ Le premier volume des *Questions sur l'Encyclopédie* parut en 1770 : elles ont été réunies avec le *[Dictionnaire philosophique](#)*, qui avait été publié en 1764.
205. ↑ La Grèce et l'Égypte.
206. ↑ 10 mal 1774.
207. ↑ Voyez l'*Éloge funèbre de Louis XV*, tome XXIX, page 291.
208. ↑ Beauvais, évêque de Senez ; voyez tome XXIX, page 307.
209. ↑ La nomination de Turgot à la place de contrôleur général des finances est du 24 août 1774 ; le mois précédent, le ministère de Louis XV, conservé par Louis XVI, prévoyant la mort prochaine de Voltaire, avait ordonné de mettre les scellés sur ses papiers ; voyez les *[Documents biographiques](#)*.
210. ↑ Acte V, scène v.
211. ↑ Cette phrase incorrecte est exactement ainsi dans les deux éditions de Kehl.
212. ↑ L'édit portant suppression des jurandes et communautés de commerce, arts et métiers, est de février 1776 ; il ne fut enregistré au parlement qu'au lit de justice du 12 mars.
213. ↑ En 1776 ; voyez tome X, page 451.
214. ↑ Turgot était fort goutteux et marchait difficilement. Lors de leur première rencontre, Voltaire, après les premiers compliments, se tournant vers l'assistance, dit : « En voyant M. Turgot, j'ai cru voir la statue de Nabuchodonosor. — Oui, les pieds d'argile, dit le contrôleur disgracié. — Et la tête d'or ! la tête d'or ! répliqua Voltaire. » (*Mémoires pour servir à l'histoire de M. de Voltaire* ; Amsterdam, 1785, IIe partie, pages 107, 108.)
215. ↑ Mme Denis, M. et Mme de Villette, partirent de Ferney le 3 février 1778 ; Voltaire, accompagné de son secrétaire Wagnière et d'un cuisinier,

partit le 5, à midi. La *Relation du voyage de M. de Voltaire à Paris* en 1778 fait partie des *Mémoires sur Voltaire et sur ses ouvrages, par Longchamp et Wagnière ;* Paris, 1826, deux volumes in-8°.
216. ↑ En 1716.
217. ↑ L'Académie française lui envoya une députation ; et lorsque, le 30 mars, il se rendit à une séance publique de l'Académie, l'Académie, qui était nombreuse ce jour-là, alla au-devant de lui jusque dans la première salle. On le fit asseoir à la place du directeur. Après la lecture de l'*Éloge de Boileau*, par d'Alembert, on lui proposa d'accepter extraordinairement, et par un choix unanime, la place de directeur, qu'on avait coutume de tirer au sort, et qui allait être vacante à la fin du trimestre de janvier.
218. ↑ Ce fut à la *sixième* représentation d'*Irène* que Voltaire assista le 30 mars 1778.
219. ↑ Dieu et la liberté.
220. ↑ Le 29 avril.
221. ↑ En 1788 on donna un extrait des *Mémoires de Saint-Simon* en trois volumes in-8° ; l'année suivante, on publia un supplément en quatre volumes. L'abbé Soulavie donna, en 1791, treize volumes in-8°, intitulés *Œuvres complètes de Saint-Simon*. M. F. Laurent donna, en 1818, six volumes in-8°, sous le titre de *Mémoires de Saint-Simon* : ce n'est que le travail de Soulavie autrement disposé. Les *Mémoires complets et authentiques du duc de Saint-Simon* ont été imprimés pour la première fois de 1829 à 1831, en vingt et un volumes in-8°, y compris un volume de table. (B.)
222. ↑ Voyez ce *Plan*, tome XXXI, page 161.
223. ↑ Il s'était aussi chargé de la lettre T ; voyez les articles, tome XX, page 471 et suiv.
224. ↑ Wagnière raconte que Voltaire s'étant trouvé indisposé envoya chercher un apothicaire, qui vint avec une liqueur dont le vieillard ne voulait pas prendre, mais dont il finit cependant par avaler une portion. Mme de Saint-Julien, qui goûta cette liqueur, dit qu'elle était si violente qu'elle lui brûla la langue. Voltaire, se trouvant dans une agitation terrible, envoya demander au maréchal de Richelieu de son opium préparé. « On a prétendu, ajoute Wagnière, qu'après avoir fait avaler à M. de Voltaire une bonne dose de cet opium, la bouteille fut cassée : je n'ai jamais pu tirer au clair ce dernier fait ; je sais seulement qu'ils se réunirent tous pour assurer au malade qu'il l'avait bue entièrement : M. de Villette dit avoir vu M. de Voltaire seul dans sa chambre achever de la vider. Mme de

Saint-Julien lui dit alors qu'il était un grand malheureux de n'avoir pas sauté sur lui pour l'en empêcher. »
225. ↑ À onze heures et un quart du soir.
226. ↑ L'abbé Gaultier présenta à l'archevêque un *Mémoire concernant tout ce qui s'est passé à la mort de Voltaire*. Ce *Mémoire* est imprimé dans les diverses éditions de l'opuscule du Père Harel, intitulé *Voltaire, recueil des particularités curieuses de sa vie et de sa mort*, et page 19 du tome II des *Mémoires pour servir à l'histoire de M. de Voltaire* (par Chaudon), 1785, in-12. C'est là qu'ont été prises les lettres de Voltaire à Gaultier, et de Gaultier à Voltaire ; mais Wagnière observe que la lettre du 20 février n'a pas été donnée telle qu'elle a été écrite ; que la réponse du 21 est signée Voltaire (et non *De Voltaire*) ; il assure que le billet du 26 n'a jamais été écrit ; il ajoute ne pas connaître le billet de Mme Denis du 27. Wagnière élève aussi des doutes sur les billets des 13 et 15 mars.
227. ↑ J.-J. Faydit de Tersac.
228. ↑ L'abbé Mignot.
229. ↑ On ne parla de la mort de Voltaire ni dans le *Mercure*, ni dans le *Journal de Paris*.
230. ↑ Cette défense fut bientôt levée ; le 20 juin 1778, on joua *Nanine* à la Comédie française ; les 22 et 28, on représenta *Tancrède*. Le 1er février 1779, La Harpe donna sur le même Théâtre *les Muses rivales, ou l'Apothéose de Voltaire, en un acte et en vers libres*. Enfin le 31 mai 1779, comme anniversaire de la mort de Voltaire, eut lieu la première représentation d'*Agathocle*, tragédie posthume de Voltaire (voyez tome VII, page 389). Mais pendant qu'on laissait rendre ces hommages à la mémoire de Voltaire, on faisait supprimer vingt-sept vers à son honneur dans le chant de Janvier, du poëme des *Mois* par Roucher.
231. ↑ D'Argental et d'Alembert ont seuls survécu à Voltaire.
232. ↑ L'un d'eux vient d'effacer, par une conduite noble et patriotique, les taches que ses délations épiscopales avaient répandues sur sa vie. On le voit adopter aujourd'hui avec courage les mêmes principes de liberté que dans ses ouvrages il reprochait avec amertume aux philosophes, et contre lesquels il invoquait la vengeance du despotisme. On se tromperait si, d'après cette contradiction, on l'accusait de mauvaise foi. Rien n'est plus commun que des hommes qui, joignant à une âme honnête et à un sens droit un esprit timide, n'osent examiner certains principes, ni penser d'après eux-mêmes, sur certains objets, avant de se sentir appuyés par l'opinion. (K.)

— C'est Lefranc de Pompignan, archevêque de Vienne, que Condorcet loue ici. Cependant lorsqu'en 1781 avait paru le prospectus de l'édition de Kehl des *Œuvres de Voltaire,* ce prélat avait publié un violent mandement. Mais, le 22 juin 1789, ce fut à la tête des cent quarante-neuf membres de l'ordre du clergé qu'il alla se réunir à l'ordre du tiers état pour faire en commun la vérification des pouvoirs.

233. ↑ Acte IV, scène v. La Harpe, dans son *Éloge de Voltaire* (voyez page 183), a déjà fait la même citation.
234. ↑ Voltaire a dit dans son *A, B, C* (voyez tome XXVII, page 322) : « Montesquieu présente à la nature humaine ses titres, qu'elle a perdus. »
235. ↑ Jurisconsulte allemand du XVIe siècle. Il soutenait dès ce temps-là que la souveraineté des États appartient au peuple. (K.)
236. ↑   La prédiction que Condorcet faisait ici ne tarda pas à se vérifier ; le 2 novembre 1789, les biens ecclésiastiques furent déclarés être à la disposition de la nation. Un décret du 18 mars 1790 ordonna qu'ils seraient vendus. L'abbaye de Scellières, où étaient les restes de Voltaire, allait être vendue. Un décret du 8 mai 1791, sanctionné le 15 par Louis XVI, ordonne que les restes de Voltaire seront provisoirement transportés dans l'église de Romilly, en attendant que l'Assemblée nationale ait statué sur les honneurs funèbres à lui rendre. Un autre décret du 30 mai prononce la translation de ses cendres au Panthéon (c'était le nom donné au nouvel édifice Sainte-Geneviève). Ce décret donna lieu à une réclamation intitulée *Pétition à l'Assemblée nationale relative au transport de Voltaire,* in-8° de huit pages, qui eut deux éditions. Elle est revêtue de plus de cent soixante signatures, dont la plus remarquable est celle de P.-J. Agier, alors juge, mort en 1823, l'un des présidents de la cour royale de Paris. Parmi les autres personnes qui signèrent figurent des curés, des instituteurs, et des jansénistes ecclésiastiques ou laïques. La translation n'en eut pas moins lieu le 11 juillet 1791. Le même jour, on donna sur le Théâtre-Français une représentation des *Muses rivales,* de La Harpe, avec quelques vers ajoutés relatifs à la circonstance. Sous le règne de Napoléon, l'église de Sainte-Geneviéve fut rendue au culte catholique ; on y attacha du moins un archiprêtre. Mais les cendres de Voltaire restèrent dans le caveau où elles avaient été mises, ainsi que celles de J.-J. Rousseau, qui y avaient été apportées le 20 vendémiaire an III de la République (11 octobre 1794).

Sous la Restauration, on avait ôté au monument le nom de Panthéon. Sous le titre d'église de Sainte-Geneviève il fut remis, en 1821, à des missionnaires qui y firent quelques prédications. On avait tout à craindre de leur fanatisme. L'administration eut la précaution de mettre en sûreté les sarcophages de Voltaire et de Rousseau ; on les transporta dans des caveaux situés sous le grand porche en dehors de l'édifice. Ces caveaux, formant une sorte de cimetière sur lequel le clergé ne pouvait élever de prétention, furent fermés avec beaucoup de précaution, et les clefs en restèrent entre les mains de M. Hély d'Oissol, alors directeur des travaux publics. En 1827, M. Héricart de Thury jugea à propos de faire établir une double clôture, le 26 mars, après avoir visité les fermetures des caveaux et les avoir trouvées en bon état.

En 1830, les deux sarcophages ont été replacés dans le caveau où ils étaient avant 1821.

Mais tous les restes de Voltaire ne sont pas au Panthéon : son cœur, qui devait être à Ferney, y resta tant que le marquis de Villette posséda cette terre ; il était à Paris en 1791, et fut depuis transporté au château de Villette (près de Pont-Sainte-Maxence), où il est aujourd'hui.

M. Mitouart, apothicaire à Paris, chargé de l'embaumement du corps de Voltaire eut de la famille la permission de garder son cervelet, et le conserva dans de l'esprit de vin. M. Mitouart fils, pensant qu'il était moins convenablement chez un particulier qu'il ne le serait dans un établissement public, offrit au gouvernement de le déposer au Muséum d'histoire naturelle. C'était du temps du Directoire et pendant que François de Neufchâteau était ministre de l'intérieur. Une lettre de ce ministre, insérée dans le Moniteur du 17 germinal an VII (6 mars 1799), accepte l'offre de M. Mitouart, et parle de placer le cervelet de Voltaire *à la Bibliothèque nationale, au milieu des productions du génie qui les anima*, c'est-à-dire dans une salle qui eût contenu ses Œuvres. Cela n'eut aucune suite : le cervelet, aujourd'hui (juin 1834), comme en 1799, est dans les mains de M. Mitouart, pharmacien de la maison de santé, rue du Faubourg-Saint-Denis, à Paris.

On voit par l'extrait de la lettre de M. Bouillerot que, lors de l'exhumation de Voltaire en 1791, un calcanéum se détacha, et fut emporté par un curieux. Ce calcanéum était conservé dans le cabinet d'histoire naturelle de M. Mandonnet propriétaire à Chicherei près de Troyes, et a été le sujet d'une pièce de vers par M. Bernard, imprimée dans les *Mémoires de la Société académique du département de l'Aube*.

Lors de la même exhumation, deux dents furent enlevées ; l'une a été longtemps conservée par M. Charron, officier municipal de la commune de Paris, et commissaire spécial pour le transport du corps de Voltaire ;

l'autre dent fut donnée à Ant.-Fr. Lemaire, qui fut depuis rédacteur du journal intitulé *le Citoyen français,* et est mort fou à Bicêtre, il y a une dixaine d'années. Lemaire portait la relique dans un médaillon sur lequel était inscrit ce distique :

> Les prêtres ont causé tant de mal à la terre
> Que je garde contre eux une dent de Voltaire.

À la mort de Lemaire, la dent est passée à l'un de ses cousins, portant le même nom que lui, et dentiste à Paris. (B.)

Cette note de Beuchot sur l'histoire posthume de Voltaire est incomplète. Elle est complétée par les pièces que l'on trouvera plus loin, à la suite des *Documents biographiques.*

237. ↑ *Questions sur les miracles* ; voyez tome XXV, pages 418-419.
238. ↑ *Examen important,* etc. ; voyez tome XXVI, page 299.
239. ↑ Voyez tome XXVIII, page 517.
240. ↑ Vers de Voltaire dans son *Épître à Horace* ; voyez tome X, page 443.